会社では教えてもらえない

一瞬で仕事が片づく人の Excelのキホン

一木伸夫 Ichiki Nobuo

すばる舎

はじめに

ビジネスの現場において、Ｅｘｃｅｌ（以下、エクセル）ほど普及しているソフトウエアがほかにあるでしょうか。

私が会計士として接することが多い経理部や総務部・人事部ではもちろんのこと、システム部や開発部門の現場に行っても、会話の中で「エクセル」という単語がとびかっています。

会社の中だけではありません。電車の中でも、ランチをしていても、居酒屋に行っても、ビジネスパーソンの会話の中には「エクセル」という言葉が自然に使われています。

これだけ普及し、相当な時間をエクセルの前で費やしている社員がたくさんいるにもかかわらず、社員に体系的なエクセル研修を用意している会社はごく少数です。

なぜエクセル教育に積極的ではない会社が多いのでしょうか。

それは1つに日本のＩＴリテラシー（ＩＴ活用能力）の低さがあげられるでしょう。

日本の時間当たり労働生産性は46・0ドルで、ＯＥＣＤ加盟35カ国中20位。トップはアイルランドで95・8ドルとなっています（2017年12月20日／公益財団法人日本生産性本部）。

さらにホワイトカラーの生産性を左右する「ITを活用した問題解決能力」については、日本はOECD参加24カ国中10位と、平均的な水準となっており、IT先進国とは言えない状況になっているのです（2013年10月8日／日経新聞）。

私は仕事柄、多くの会社を見ていますが、日本の会社には、「ITの重要性をなんとなくわかっているけれど、ITは自分以外の誰かがやってくれるもので、IT部門でもない社員が、わざわざ時間とカネをかけてまでITを勉強する必要なんてない」と考えている人がまだまだたくさんいます。

会社が教えてくれないのなら、自分でやるしかありません。

本書は、会社が教えてくれないエクセルに危機感を持った読者を想定して書きました。単にエクセルの便利機能を紹介するにとどまらず、エクセルを通じて背景にあるITの基本を伝えることを目的としています。

このため、社内研修や学校教育など、指導的立場にある方にとっても有用な内容になっています。

会社の中には、同じように仕事でエクセルを使うにもかかわらず、レベルに大きな差がある人が混在しています。そのため、

「エクセルが得意な人が、手作業でやっていた社内の業務を大幅に改善してくれた。しかし、その人が異動でいなくなると、そのシートを理解できる人がいなくなり、また元の手作業に戻ってしまった」

というような嘘のような本当の話があちこちで聞かれます。

会社で誰かが作ったエクセルシートが、その人だけで完結することはほとんどありません。誰かが作ったエクセルシートは、別の誰かが引き継ぐことになります。

エクセルシートを引き継ぐときに問題が2つあります。それは、

・エクセルシートの引き継ぎを受ける人が、基本的なスキルを身につけていない
・エクセルシートを作成する人が、基本を踏まえない独自の使い方をしていることが

ある

ということ。

どちらにしても、組織の生産性を阻害することになります。これを回避するためには、まずはエクセルの基本をきちんと理解することが大切なのです。

現代では働き方の見直しが進んでいます。仕事を効率化し生産性を上げることが、大きな課題になっています。

そのために、多くの仕事をＩＴで効率化する動きも顕著です。今まで何時間もかかっていた作業を一瞬で終わらせる、今までにない角度からデータを分析する……。

エクセルを正しく使えばそれが可能になるのです。

しかも、エクセルを学ぶことは単に仕事の効率化だけにとどまらず、仕事とＩＴの関わりの重要性についても、理解を深めることができます。

すべてのモノやサービスがＩＴを通じて提供されようとしている現代において、Ｉ

Ｔの基本を学ぶことは非常に重要ですが、なかなか学ぶ機会がありません。

特別に学ぶ機会を設けなくても、日々実務で使っているエクセルをきちんと学べば、ビジネスに必要なＩＴの基本を身につけることができます。

この本を手に取ってくださったみなさまの知的好奇心に響くことがあれば、これに勝る喜びはありません。

一木伸夫

一瞬で仕事が片づく人の
Excelのキホン

目次

はじめに……3

第1章 エクセルを使いこなす人は誰よりも仕事が速い！

1 膨大な作業も一瞬で終わる！……20
5万件のデータを簡単に処理する方法とは？

2 基本操作をマスターするだけで、いつもの仕事を倍速でこなせる……24
つい手作業に逃げていませんか？

3 メモ代わりに使うのは基本を習得してから……28
エクセルが廃れても、スプレッドシートはなくならない!?

第2章

まずおさえたいエクセルのキホン

ダメな使い方の典型「神エクセル」

4 エクセルは覚えるのではなく、「身につける」……34

身につけなくてはいけないことは、さほど多くない

キホンをひたすら反復するだけ

5 最低限の名称、用語だけはしっかり覚える……40

覚えたぶんだけ、上達が早くなる

6 ショートカットキーを使うと、仕事のスピードが格段に上がる……44

「マウスを手放して、集中力が途切れなくなった!」

ワード、パワポ…エクセル以外にも使える

7
文書の「統一感」が信頼につながる……50
文字の配置、フォント、罫線…基本的な体裁の整え方

8
月、火、水、木、金…連続した日付を手打ちしていませんか？……56
工程表、スケジュール表…エクセルは仕事の段取りに一役買う
日付の入力は数式を使ったほうが圧倒的にラク

9
意外と知らない「セル内の改行」……60
改行をスペースでごまかしていませんか？

10
「1ページで印刷したかったのに…」初歩的なミスをなくすには？……66
「ページ設定」で思い通りに印刷できる！

第3章

ミスなく素早くわかりやすいデータを作る！

11 「この作業、面倒！」＝工夫の余地がある、ということ……72
IT時代には検索能力も重要なスキル

12 うっかりミスを防いでくれる！ 入力規則……76
入力時に「チェック」をかける
数字しか入力できないようにする

13 男女、都道府県…選択肢が決まっているときは、「リスト」を使う……82
手打ち入力のほうが、ミスの危険性が高い
選択肢の抜け漏れを防ぐ
選択肢を追加したいときは

14
海外在住者だけを知りたい。そんなときに使える「フィルター」機能……88
使い方は簡単！ 3つの手順でフィルターをかける
文字列、数字、日付に注意！
データを壊しやすいのは、「範囲」が足りていないケース
15
参加者が一目でわかる！ 飲み会の出欠管理にも使えて便利……96
ネットツールよりも、エクセルのほうが融通が利くことも

第4章
関数でどんな集計も一瞬で終わる！

16
エクセルは「超高機能計算機」。数万行の分析も可能……102
「テーブル」とは「表」のこと。難しく考えない

17 販売価格が5%上がった。利益はどうなる?……106
関数を使えば、電卓は一切不要!
価格、数量、固定費…ビジネスでは「前提」がコロコロ変わる
前提条件と計算式を分けると、多様なシミュレーションが可能に
18 合計を出したいときは「SUM関数」……114
すでに入力したデータを存分に活用する
「パラメータ」とは「前提条件」のこと
19 COUNT関数とCOUNTA関数の使い分け……120
COUNTは「数値」の件数、COUNTAは「数値と文字」の件数
20 「東京支店の契約件数」はCOUNTIF関数で求めよ!……124
上司がほしいのは次の打ち手につながる数字
福岡、名古屋…いろいろな支店の契約件数を調べたいときは?
21 マーカーを使って電卓で計算…。その作業、エクセルなら一瞬です……130
支店別の売上を集計するときに使う「SUMIF関数」

- ほとんどの集計を自力で解決できるようになる

22 **社員番号と名前が連動！ 別のシートの情報をリンクさせたいとき**……136
- 「VLOOKUP関数」は初心者にとって最初の壁
- 検索値、範囲、列番号、検索方法…パラメータが4つに

23 **「#N／A」が出るときは、だいたい指定範囲がずれている**……144
- よくわからないから、と放置するのは危険！

24 **参照を制する者が、スプレッドシートを制す！**……148
- コピー元と連動して、列と行の位置が変化するのが「相対参照」
- 同じセルをコピペしたいときは「絶対参照」
- エクセルが得意な人は必ず「複合参照」を使っている

第5章 ここまでくれば上級者！ ワンランク上のエクセル術

25 ピボットテーブルは強力な集計ツール！……160
- 「支店別月別売上」もすぐに出せる！
- ピボットテーブルの主な手順はたったの3つ

26 クリックして種類を選ぶだけ！ 一瞬でグラフが作れる……166
- 「支店別社員別月別の売上」を出すには？
- グラフ作成は簡単。集計が大事

27 文字を取り出したり、置き換えたり…文字列操作関数……170
- ぜひ身につけてほしい6つの関数
- 商品コードと商品名を分けたいとき
- 商品名だけ取り出したいとき

商品名の文字数を知りたいとき

28
住所登録に便利！ 住所とビル名を分けたいとき……176
文字列の中のスペースの位置を探す「FIND関数」
「SUBSTITUTE関数」とは？

29
TEXT関数を使いこなせたら、上級者クラス……180
エクセルの日付の秘密「シリアル値」
表示形式を関数で設定
日付から曜日を割り出せる
曜日ごとの売上を集計できる

30
日付を自由に操れたら、集計は思いのまま……188
うるう年でも簡単に末日を求めることができる
シリアル値を使えば、カレンダーを調べる必要なし

31
「もし売上が100万円に満たないなら×を表示」……192
IF関数は使い方にセンスが現れる
ランク付けもできる

32
エラーが出たときの対処法……196
出てもいいエラー、出てはいけないエラー

33
リアルタイムで更新できる「グーグルスプレッドシート」とは？……200
エクセルのないパソコンでも使える
無料、誤送信の心配なし。誰でもすぐに利用できる！

カバーデザイン　小口翔平＋岩永香穂（tobufune）
本文デザイン・図版　松好那名（matt's work）

第 1 章

エクセルを使いこなす人は誰よりも仕事が速い!

Basics of Excel

Basics of Excel

1

膨大な作業も一瞬で終わる！

!

電卓片手にチェックする作業は
もうおしまい！

5万件のデータを簡単に処理する方法とは?

エクセルというと、どんな印象がありますか?

「学校で習ったし、なんとなく入力はできるけど、難しいことはさっぱり……」

「会社のテンプレートに沿ってやっているだけ」

このような、あまりエクセルに前向きでない声をよく聞きます。実際、「なんとなく」「言われるまま」でやっている人が多いのではないでしょうか。


以前、エクセル研修をした際、受講者からこんな質問を受けました。

「エクセルで数字の下2桁を削除した数字を隣に入力する仕事があります。5万件ほどデータがあり、手作業で大変なのですが、何か良い方法はないでしょうか」

たとえば、「123456789」という数字が入力されたセルの隣に、「89」という下2桁を削除して「1234567」と入力する作業です。

人によっては拷問のような作業ですね。この作業に一体どれだけのコストがかかっているかを計算してみましょう。

仮に、「1行の作業に1秒かかり、週に一度この作業があり、時給は２０００円」とすると、１回の作業に約14時間、年間だと約７２２時間。年間約１４４万円をこの単純作業に使っていることになります。実際にはこんなスピードで14時間続けて入力することはできないし、ミスがないか誰かがチェックする必要があるので、もっとたくさんの時間も労力もかかることになります。

しかし、この膨大な作業もエクセルを活用することで、一瞬で終わらせることができます。**今まで作業にかけていた時間で、もっといろいろな仕事をこなすことができるようになり、無駄に残業することもなくなります。**

ちなみにこの作業は、元の数字を１００で割って、小数点以下を切り捨てる、という関数の設定をすれば、一発で数値を出すことができます。「ＲＯＵＮＤＤＯＷＮ」という関数を使うのですが、それを知っていることが大事なのではありません。

エクセルを活用して、作業の負担を減らす工夫をしたり、方法を探したりする力こそ、ぜひ身につけていただきたいスキルです。

単なる「エクセルの小技」で終わらない能力を一緒に身につけていきましょう。

効率よく生産性を上げるには?

手作業だと時間もかかり、ミスの原因に…

エクセルを使えば、
データ処理から分析まであっという間!

Basics of Excel

2

基本操作を マスターするだけで、 いつもの仕事を 倍速でこなせる

!

「あいつに任せておけば大丈夫」
と一目置かれるように

つい手作業に逃げていませんか?

「エクセルを使いこなすのって難しそう……」

「ピボットテーブルとかVLOOKUP関数とか、言葉を聞いただけでも難しい」

など、エクセルに対して苦手意識を持っていないでしょうか。

エクセルには聞き慣れない言葉や、難しい仕組みがたびたび登場します。

「エクセルを勉強しよう」と一念発起しても、理解するのが難しかったり時間がかかったりでつまずいてしまい、「結局、難しいことは考えずに手作業でやったほうがラク」と諦めてしまう方が多くいます。

その気持ちはとてもよくわかります。また、エクセルはなぜか「わからない」ままでも「仕方ない」で済まされる風潮もあります。


基本的な操作をマスターする。これだけで、仕事の効率が一気に変わってきます。

多くの会社で扱うエクセルには、特別高度な技術は必要ありません。

九九と同じように一度身につけてしまえば、誰でも必ず使いこなすことができます。

エクセルの基本操作をマスターすると、

・電卓を使うことなく、大量のデータを一瞬で集計することができる
・支店別の売上を簡単に出せる
・エクセルの集計結果をグラフにまとめられる

など、「あいつに任せておけば大丈夫」という信頼感を勝ち得ることができます。

本書では、基礎の部分から具体的に解説していきます。
どこに行っても重宝されるエクセルスキルを身につけていきましょう。

エクセルに苦手意識を持っていませんか?

暗記しようと思っても難しい

日頃から実践で使っていれば、
自然に使えるようになる

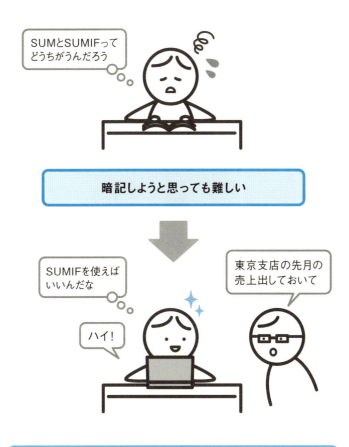

Basics of Excel

3

メモ代わりに使うのは基本を習得してから

!

まずはスプレッドシートの扱いに慣れるのが重要

エクセルが廃れても、スプレッドシートはなくならない!?

エクセルはどうして多くの会社で当たり前のように使われているのでしょうか。
このような質問に対して、私は会計士の立場からこう断言できます。

「会計がある限り、スプレッドシートはなくならない」

「スプレッドシート」とは、エクセルのようにマス目に区切られた入力のインターフェースを有するソフトウエアのこと。「表計算ソフト」とも言います。

スプレッドシートの歴史は古く、最初のパーソナルコンピューター（ＰＣ）用のスプレッドシートである「VisiCalc」が登場したのは１９７９年、今から40年近く前のことです。

その後いくつもの他社製品が登場しましたが、現在もっともシェアを獲得しているのがマイクロソフト社の「エクセル」です。

今後他社製品が台頭してエクセルが廃れることがあっても、スプレッドシートはなくならないと考えるのには理由があります。

スプレッドシートは、会計を取り扱うのに非常に優れているからです。

会計は投資家の信頼を得るため、ミスが起こらないように極めてシステマティックにできています。

そのため、会計とＩＴは非常に相性が良く、ＩＴを身近に扱うことのできるスプレッドシートは、会計と切っても切れない地位を築いています。

「会計」と言うと、「経理」と混同する人がいますが、会計は経理より広い概念です。会社で仕事をする以上、会計と関わらない人はほとんどいません。

会計を学ぶ重要性は以前から叫ばれていますが、これに加えてＩＴを学ぶ重要性に異を唱える人は少なくなっています。

スプレッドシートを通じてＩＴの仕組みを学ぶことは、これからの時代に必須になると考えています。

エクセルは表計算ソフトと呼ばれるように、表を作成するのが得意なアプリケーションです。

エクセルをデータベース的に活用することができると、大量データを効率よく処理することができます。

ダメな使い方の典型「神エクセル」

ところがエクセルはあまりにも使い勝手が良いため、メモ帳やワープロソフトの代わりに使う方もたくさんいます。

もちろんそのような使い方も便利なので否定することはありません。

ただし、エクセルをきちんと学んでからメモ帳やワープロ代わりに使うと、もっと便利に使うことができます。一例をあげると、ショートカットキーでセル移動を学んでからエクセルをメモ帳代わりに使うと、メモ帳やワープロでは味わえない操作感があります。

ダメなエクセルの典型例として、「神（かみ）エクセル」「エクセル方眼紙」があげられることがあります。

「神エクセル」というのは、「紙」の記入イメージをそのままエクセルにしたものを揶揄したネーミングのようです。

入力する立場のことをまったく考えていないばかりでなく、利用する側も紙に印刷することしか考えていないエクセルシートです。

しかし、このような「神エクセル」が常に悪かというと、そうとも言い切れません。ＩＴの時代になっても、紙はとても便利だし、印刷して見やすいというのは重要なことです。

大切なのは、使う人の立場に立って考え、エクセルをデータとして活用する方法をきちんと理解した上で、「神エクセル」を選択することです。

「神エクセル」で本当にいいの？

■ 1文字1マスだと…

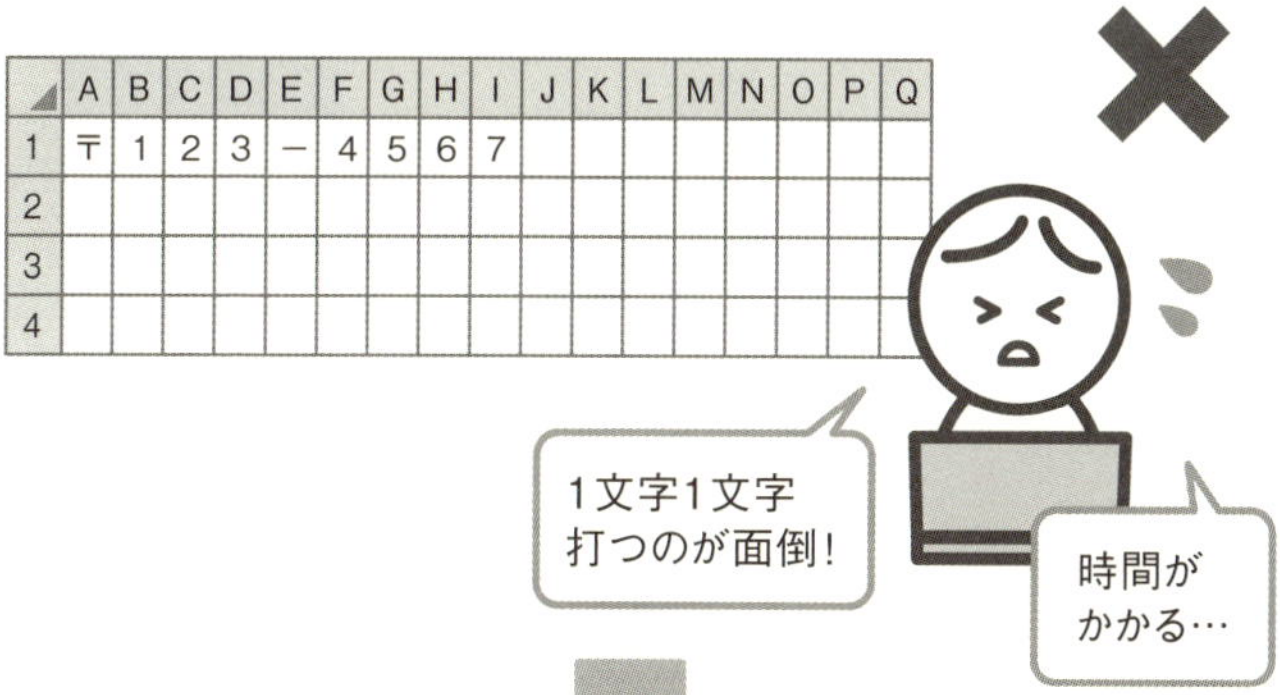

■ 1つのマスにたくさんの文字を入力できる

見栄え優先ではなく、使い手が入力しやすく、
データとして再利用できるように作るのがコツ

Basics of Excel

4

エクセルは覚えるのではなく、「身につける」

!

使い続けるうちに、
「ITを活用した問題解決能力」も身につく!

身につけなくてはいけないことは、さほど多くない

書店のエクセルコーナーに行くと、膨大な量の関連書籍があります。

辞書のように分厚い本が並んでいるので、

「どこから手をつけていいかわからない……」

とやる気をなくしてしまう方も多いかと思います。


エクセルスキルの習得は、突きつめたらキリがありません。

もちろん、そのすべてを身につけなければいけないのかというと、そんなことはありません。ただ、本書を通じてぜひ身につけていただきたいことがあります。

それが、**「ITを活用した問題解決能力」**です。

なんだか難しそうなことのように思えますが、簡単に言えば、「問題が起こったときや不便なことがあったとき、エクセルなどのITを使って解決する力」のことです。

エクセルは本当に便利なツールです。手作業ならどれだけ時間があっても足りないようなことも、文字通り一瞬でできます。複雑な集計や分析も意のままにできます。

エクセルを使えるかどうかで、仕事にかかる時間や効率はもちろん、結果や実績にまで関わってくるのです。

エクセルを活用した日々の業務改善を通じて、「ITを活用した問題解決能力」を身につけるのが本書の目的です。

身につけなければならないエクセルのキホンは、実はそれほど多くはありません。ただ、このキホンは「覚える」とか「理解する」レベルではなく、「身につける」レベルまでおさえておくことが大切です。

小学生のときにやった九九を思い出してください。暗記しているかを確かめるテストの際に、「しちは」と言われたら間髪入れずに「56」と答えなければ合格にならなかったと思います。「えーと……、56」では許してもらえなかったはずです。

「覚える」と「身につける」の違いはここにあると考えています。思い出そうとすると思考が一時中断します。この思考の中断が応用力を大きく損ねるのです。

知識を「覚えよう」と思っても、混乱するだけ

思い出そうとしても難しい…

キホンの反復が大事。
日々実践することで身についていく

キホンをひたすら反復するだけ

スポーツのほうが顕著でわかりやすいかもしれません。「ひじを左わきの下からはなさぬ心がまえでやや内角をねらいえぐりこむように打つべし」というのは「あしたのジョー」の名言ですが、これは指導の内容を頭で「覚える」「理解する」だけではなく、自然と身体が動くようになるまで反復することが大事ということ。**頭の中で考える前に、身体が動くように練習する**のです。

エクセルも同様です。「知っていると得する裏技」などももちろんたくさんあるのですが、それだけに目を奪われることなく、キホンをしっかり身につけていきましょう。

解決方法を思いつくのは、才能があるからでも頭がいいからでもありません。誰よりもキホンを反復した結果です。

とは言え、特別難しいことはありません。本書で覚えたことを実践していけば、必ずエクセルが「身につく」ようになります。1つずつでも構いません。確実に身につけていきましょう。

第 2 章

まずおさえたい
エクセルのキホン

Basics of Excel

Basics of Excel

5

最低限の名称、用語だけはしっかり覚える

!

わからないことがあったときに
検索しやすくなる

覚えたぶんだけ、上達が早くなる

具体的にエクセルを学ぶ前に、まずはキーボードや画面の名称、エクセル用語を整理しましょう。エクセルについてインターネットや本で勉強しようと思っても、「用語の意味がわからないので、調べても結局よく理解できない」という声もよく聞きます。

本書でも、ここで解説する用語を使って説明していきます。

「難しいから、もっとわかりやすい言葉で説明してほしい」という気持ちもわかります。ただ、新しいことを学ぶとき、用語は用語、名称は名称で覚えてしまったほうが、理解も深まり、上達も早くなります。わからないことが新たに出てきたときも、検索しやすくなります。**とくにキーボードや画面の名称は、なるべくすべてを覚えるようにしましょう。**

用語については、基本的な単語から少々専門的な言葉まで載せました。本書を読んでいるときも、意味のわからない単語が出てきたら、次のページに戻って理解するようにしてください。

キーボードの名称

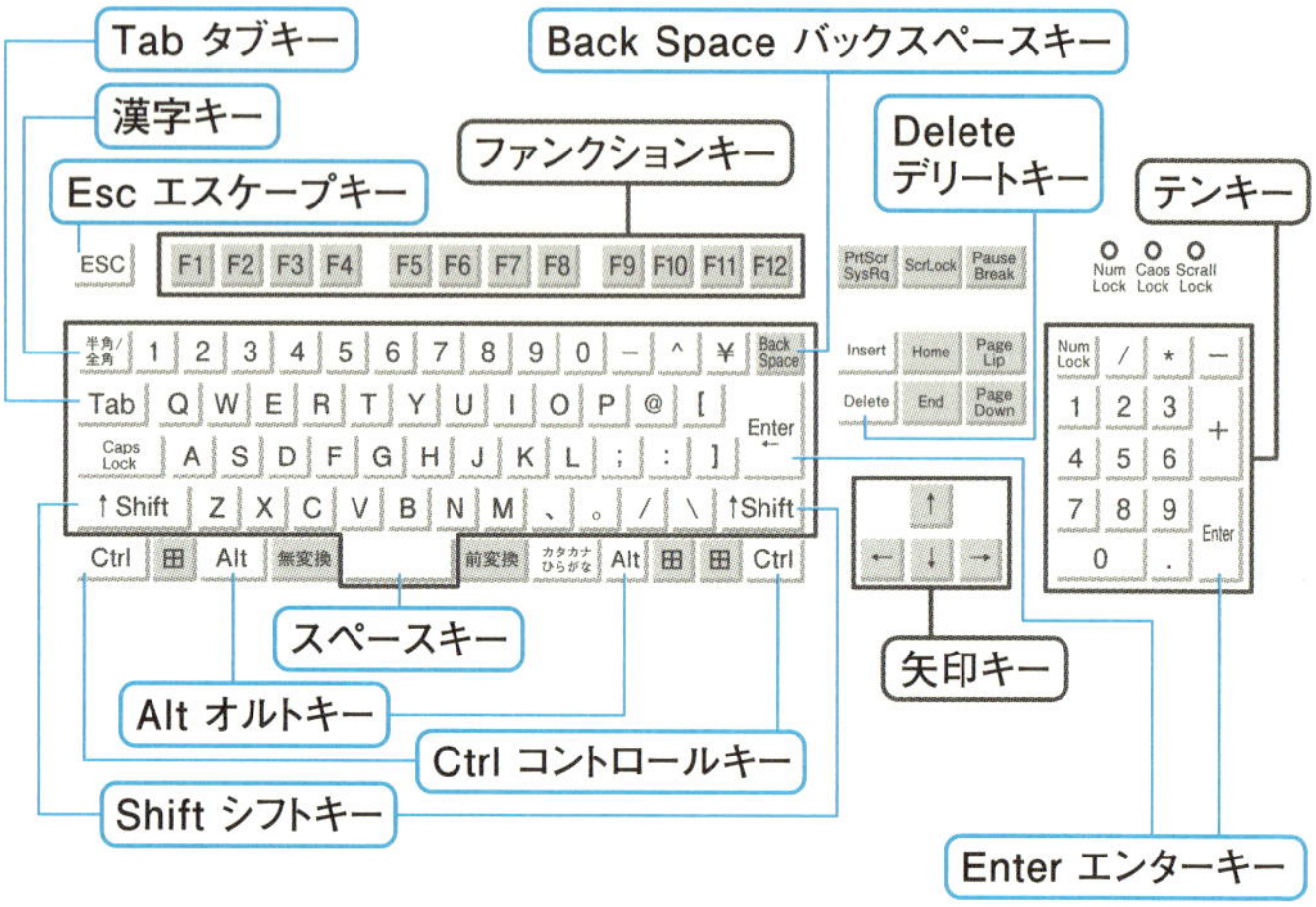

画面の名称

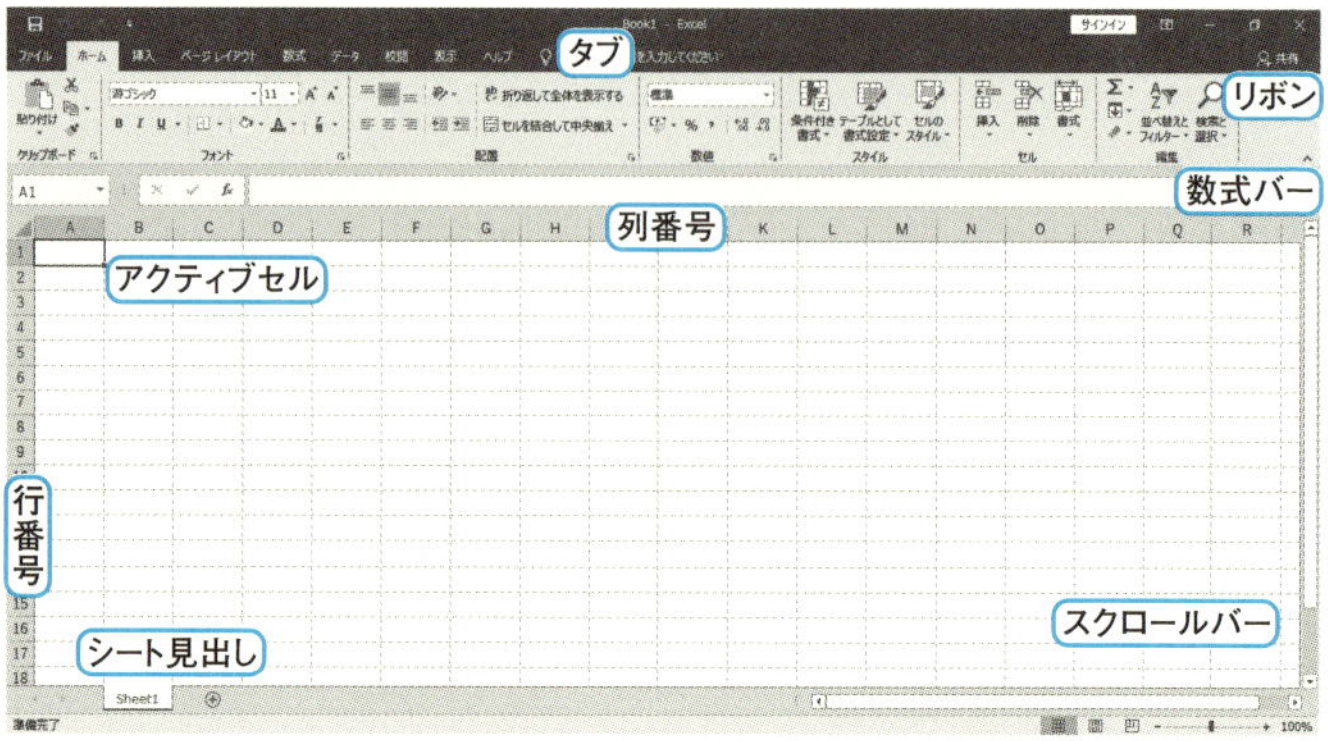

覚えておきたいエクセル用語

用 語	解 説
セル	行と列に区切られたエクセル入力の最小単位
アクティブセル	入力できる状態のセル
テーブル	表のこと。データベースの基本
タブ	シートや画面についている、出っぱった見出し
参照	他のセル（範囲）の値を利用すること
コピペ	コピー&ペーストの略。コピーしたものを別のところに貼りつけて利用すること
ショートカットキー	近道するためのキーボードの組み合わせ
関数	指定したパラメータにしたがって演算した結果を返す機能
パラメータ	関数で結果を表示するのに必要な値
ユニーク	他と重なっていないこと（「おもしろい」という意味ではない）
フラグ	FLAG。旗、目印。集計に必要な追加情報という意味で使う
可読性	数式がどれだけ理解しやすいかということ。可読性が低いとミスの原因になる
インターフェース	異なるものの接点。人とコンピュータをつなぐ入力画面もその1つ
比較演算子	=、>、<など、2つの値を比較するための記号。比較した結果はTRUEかFALSEになる
TRUE	正しい、という値
FALSE	正しくない、という値
テキスト	文字飾りのついていない文字列
ローデータ	RAWDATA。生のデータ。基幹システムからCSVでダウンロードしたデータなど
CSV	テキストをカンマで区切ったシンプルなデータ

Basics of Excel

6

ショートカットキーを使うと、仕事のスピードが格段に上がる

!

仕事で使うアプリケーションの
ほとんどの操作が
キーボードだけでできる

「マウスを手放して、集中力が途切れなくなった！」

パソコンを操作するときに、マウスはとても便利です。

しかし、文章や数字を入力する仕事に集中しているとき、キーボードからマウスに持ち替える動作が入ると、そこで集中力が途切れてしまいます。

マウスに持ち替えて、クリックする位置を探すときのわずかな時間が問題です。

1つひとつの時間はわずかでも、何度も積みあがると生産性を大きく左右します。

マウスを使わずにパソコンを操作するために必要なのが、「ショートカットキー」です。

ショートカットキーは、文字通り「近道」するためのキーボード操作のことを言います。ショートカットキーを使えるようになると集中力を維持し、PCを使った仕事の生産性を高めることができます。

私がしつこく「ショートカットキーで操作しましょう」と言うのも、実際にマウスを卒業した人から感謝された経験が数多くあるからです。

実は私もエクセル講座を始めた当初は、それほどショートカットキーを教えることに重点を置いていませんでした。

ところがアンケートには、「ショートカットキーを学べてよかった」というコメントが多かったため、徐々にショートカットキーを使ったエクセル操作を伝えることに力を入れ始めました。

私はマウスのない時代のプログラマーだったので、ウィンドウズになっても当たり前のようにショートカットキーを使って操作していたのですが、マウスが当たり前になってからパソコンを使っている人は、ショートカットキーの存在すら知らないことに気づいたのです。

「マウスを手放して仕事の集中力が途切れなくなりました」
「なんでマウスなんか使ってたんだろう」

といった数多くのコメントを今でもいただいています。ここはダマされたと思って、マウスを手放してみてください。

ワード、パワポ…エクセル以外にも使える

覚えるべきショートカットキーはそれほど多くありません。

私は普段のエクセル講座では、30個くらい紹介しています。しかし、これらをすべて暗記しなくてはならないかというとそうではありません。仕事で必要なショートカットキーは人それぞれです。

重要なことは、「仕事で使うアプリケーションのほとんどの操作がキーボードだけでできる」ということです。

まずは5つくらい覚えて、使っていくうちに必要に応じて覚えるくらいで良いと思います。実際に使用してみると、その便利さから「もっと覚えたい」「この操作もショートカットできないだろうか」と欲がわいてくるものです。

また、エクセルで覚えたショートカットキーは、ワードやパワーポイント、ブラウザやほかの会計ソフトなどでも使えることが多いのです。

たとえば、すべてのアプリケーションで共通のショートカットキーで代表的なもの

といえば、〔Ａｌｔ〕＋〔Ｆ４〕の「アプリケーションの終了」があります。

ショートカットキーの割り当ても、覚えやすくする工夫がされています。

たとえば、「保存」のショートカットキーである、〔Ｃｔｒｌ〕＋〔Ｓ〕の「Ｓ」は「Ｓａｖｅ」の「Ｓ」、「印刷」の〔Ｃｔｒｌ〕＋〔Ｐ〕の「Ｐ」は「Ｐｒｉｎｔ」の「Ｐ」です。


ショートカットキーを使いこなせるようになると、時短はもちろんですが、試行錯誤の質と量が高まるのでエクセルが楽しくなり、上達も早まります。

いいことずくめですので、ぜひトライしてみてください。


左のページは、ぜひ使っていただきたいショートカットキーの一覧です。

これらを覚えていただくことで、仕事のスピードが格段に上がります。

優先度の高い順に並べてあります。ぜひ参考にしてみてください。

覚えておきたいショートカットキー

機能	押すボタン
【コピー】の実行	「Ctrl」+「C」
【貼りつけ】の実行	「Ctrl」+「V」
直前の操作を元に戻す	「Ctrl」+「Z」
ファイルを上書き保存	「Ctrl」+「S」
ウィンドウ切り替え（Windowsの機能）	「Alt」+「Tab」
セルの範囲選択	「Shift」+「↑↓←→」
データの途切れるセルにジャンプ	「Ctrl」+「↑↓←→」
データの途切れるセルまで選択	「Ctrl」+「Shift」+「↑↓←→」
次のシートを表示	「Ctrl」+「Page Down」
前のシートを表示	「Ctrl」+「Page Up」
セルの編集	「F2」
絶対参照、相対参照の切り替え	「F4」
編集モードのキャンセルなど	「ESC」
検索ウィンドウ起動	「Ctrl」+「F」
【切り取り】の実行	「Ctrl」+「X」
直前操作の繰り返し、「元に戻す」を戻す	「Ctrl」+「Y」
セル内改行	「Alt」+「Enter」
最後のセルにジャンプ	「Ctrl」+「End」
アクティブセルから最後のセルまで選択	「Ctrl」+「Shift」+「End」
先頭のセルにジャンプ	「Ctrl」+「Home」
セルの書式設定ウィンドウ起動	「Ctrl」+「1」
セル・行・列の削除	「Ctrl」+「-」
セル・行・列の挿入	「Ctrl」+「+」
一括確定	「Ctrl」+「Enter」
すべて選択	「Ctrl」+「A」
置換ウィンドウ起動	「Ctrl」+「H」
上のセルのコピー&貼り付け	「Ctrl」+「D」
左のセルのコピー&貼り付け	「Ctrl」+「R」
印刷	「Ctrl」+「P」
列選択	「Ctrl」+「SPACE」
行選択（漢字オフを忘れずに）	「Shift」+「SPACE」
ピボットテーブルのデータ更新	「Alt」+「F5」
選択範囲内のセル移動	「Ctrl」+「.」

Basics of Excel

7

文書の「統一感」が信頼につながる

!

会社の報告書は見やすさがキホン

文字の配置、フォント、罫線…基本的な体裁の整え方

みなさん、会社の報告書などはワードで作る場合も多いかと思いますが、エクセルを使うととても便利です。始末書のような報告書（?）を除けば、**会社の報告書は数字を表にして報告することが多いので、エクセルで報告書を作成しておけば、数字の集計をラクにすることができます。**

会社の報告書は見やすさがキホンです。文字の位置がばらついていたり、フォントの大きさがバラバラだと、読む気が起こりません。

エクセルは見やすい表を作るのに最適のツールです。ここでは、文字の配置、フォントの設定、罫線の引き方など、基本的な体裁の整え方をご説明します。

【文字の配置】

もっとも基本的な「中央揃え」から確認します。次のページの図を見てください。

まずは書式を変更するセルを範囲選択します。セル範囲を選択するときは、マウスではなく、キーボードを使ってみましょう。

文字の配置

① Shift ＋ ↑↓→← で範囲選択

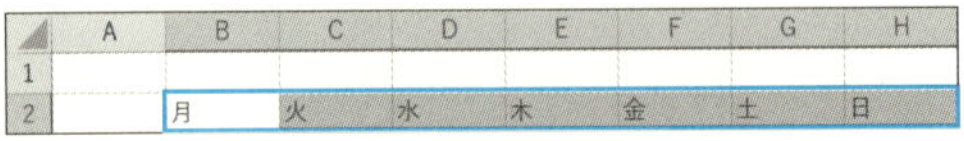

② Ctrl ＋ 1 を押し、「セルの書式設定」を開く

③「配置」タブから「中央揃え」を選択

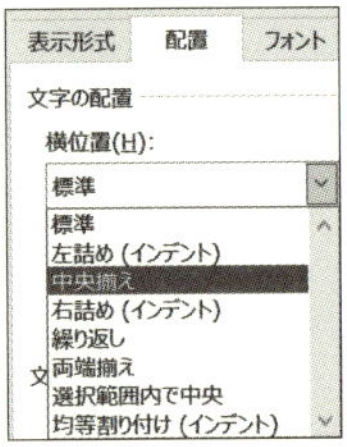

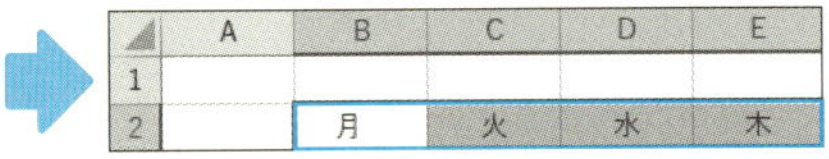

〔Shift〕キーを押しながら、矢印キー（→←↑↓）を押すことで、範囲選択することができます。

次に、左下にある〔Ctrl〕キーを押しながら、左上のほうにある数字の「1」を押すと、「セルの書式設定」ウィンドウが開きます。ここで、文字の配置を選択できます。

ここからはマウスを使ってください。「配置」タブをクリックし、「横位置」から「中央揃え」を選択します。OKをクリックすると、入力した文字がセルの中央に表示されます。

ほかの配置も検討してみてください。

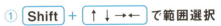

フォントを選ぶ

「フォント」タブをクリック

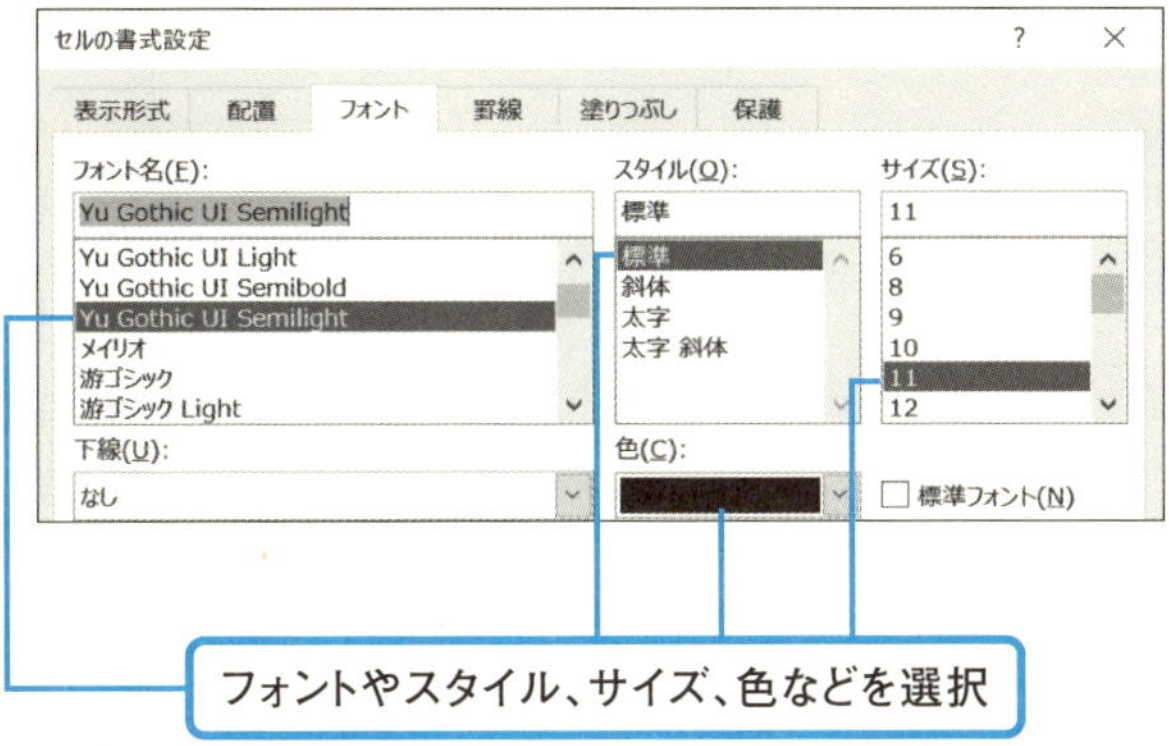

【フォント】

「セルの書式設定」から「フォント」タブをクリックして、好きなフォントに変更してみましょう。

文字の色やサイズもここで調整します。

ビジネスシーンでは統一感が信頼感につながるので、**奇をてらったことをしない**のが無難です。

【罫線】

表はベタ打ちだと見えづらいので、罫線を有効に活用しましょう。

次のページの図を見てください。

まずは［Shift］＋矢印キーで、罫線を引きたい範囲を選択します。

罫線を引いて枠をつくる

① Shift ＋ 矢印 キーで範囲選択

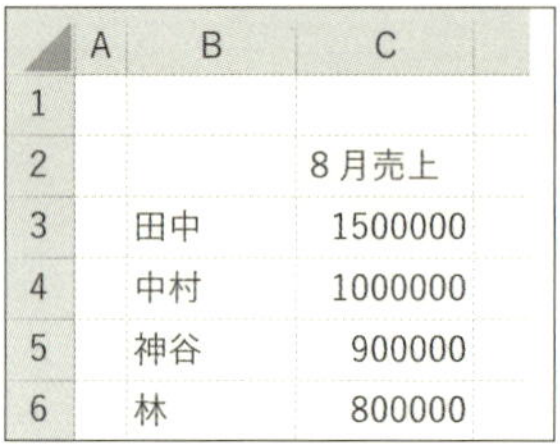

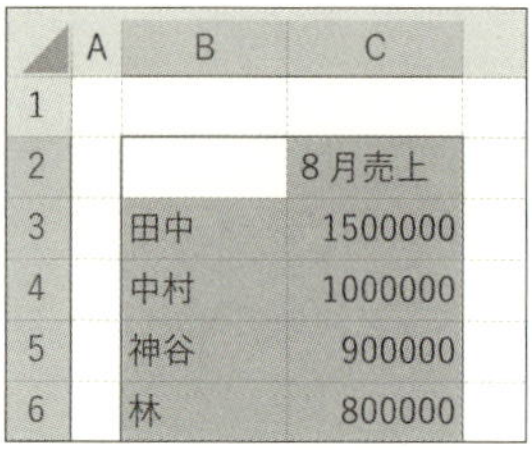

② Ctrl ＋ 1 で「セルの書式設定」を開く

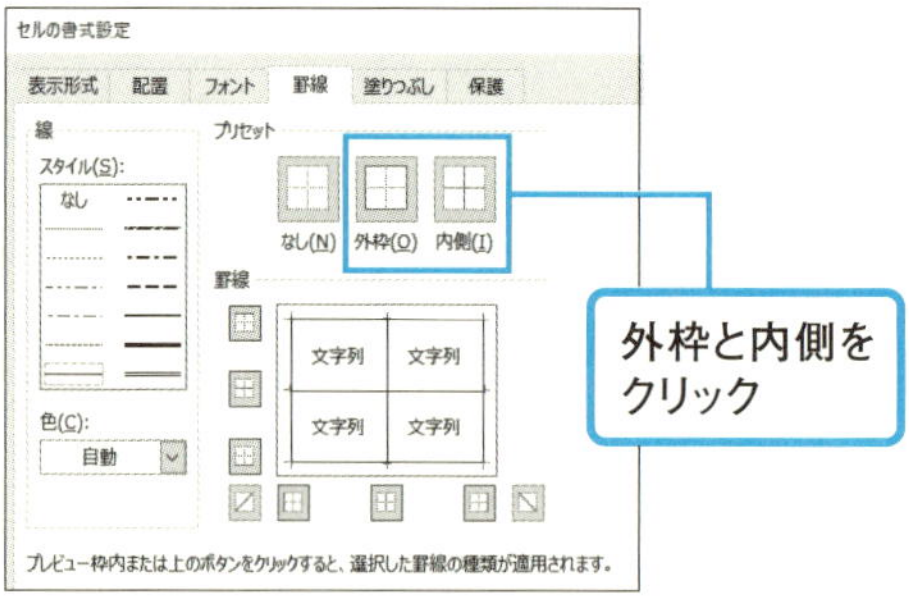

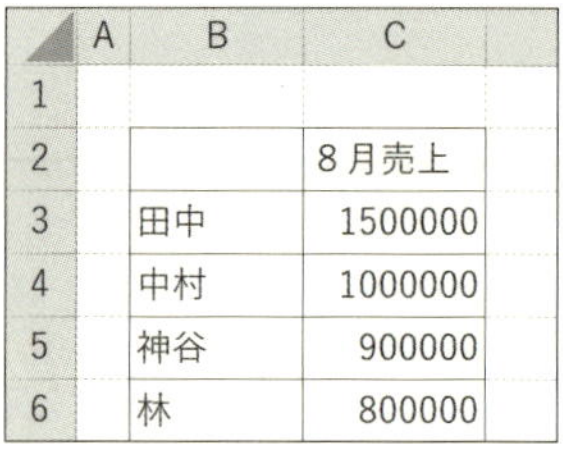

行の高さを変える

①「ホーム」タブ➡「書式」➡「行の高さ」をクリック

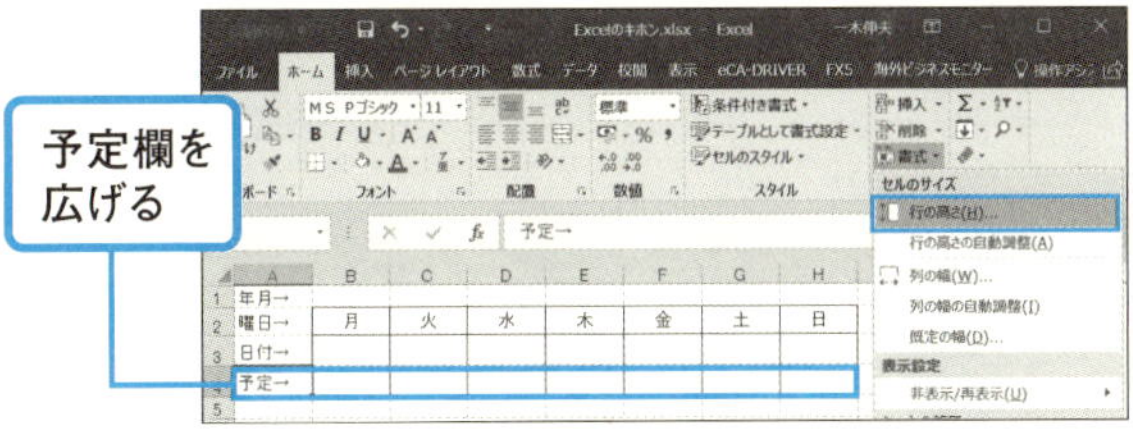

②数値を入力

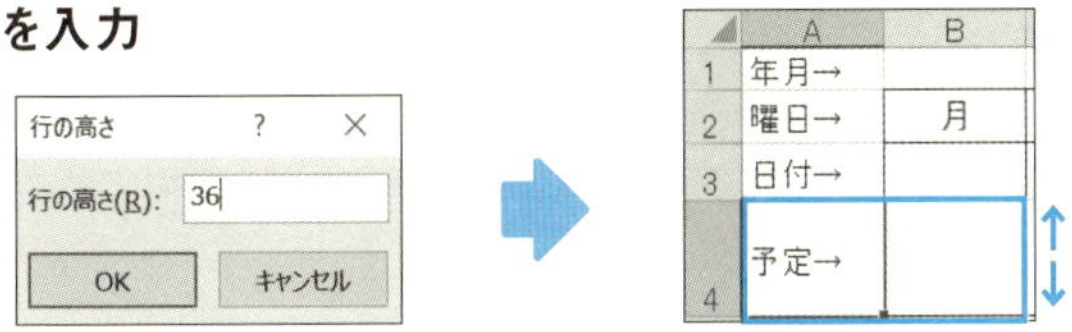

範囲を選択したら〔Ｃｔｒｌ〕＋〔１〕を押して、書式設定ウィンドウを開きます。

「外枠」と「内側」をクリックして、罫線を引きます。

【行の高さを変える】

入力欄が狭い場合は、行の高さを変えます。行の高さは「ホーム」タブの中の「書式」ボタンをクリックして、「行の高さ」をクリックし、数字を入力します。

Basics of Excel

8

月、火、水、木、金…連続した日付を手打ちしていませんか？

!

連続した日付はコピペするのがキホン

工程表、スケジュール表…エクセルは仕事の段取りに一役買う

「新製品の発売スケジュールを立てといて」

「広告掲載日のスケジュールを表にまとめといて」

このように、仕事ではスケジュールを立てることが頻繁にありますよね。

仕事の段取りをするのに一役買うのがエクセルです。

この項目では、日付を使ったエクセルの使い方についてご紹介していきます。

工程表やスケジュール表などのように、連続した日付を入力するような場合、手打ちで入力するのではなく、エクセルの機能を存分に使いましょう。


59ページの図を見てください。

まず、月曜日の欄に「2018年12月31日」を入力してみます。

「18-12-31」と入力し、〔Tab〕キーで確定してください。

〔Enter〕キーで確定すると、アクティブセルが下に移動しますが、〔Tab〕キーで確定すると右に移動します。

日付の入力は数式を使ったほうが圧倒的にラク

翌日の火曜日は2019年1月1日ですが、手入力する必要はありません。2019年1月1日は2018年12月31日の翌日ですので、2018年12月31日に1を足すと、2019年1月1日になります。2018年12月31日が入力されているB3セルに1を足すためには以下の数式を入力します。

=B3+1

セルに数式を入力するときは、最初に「=」を入力します。この最初の「=」は「等しい」という意味ではなく、「代入する」という意味になるので注意してください。

セルに「=」を入力すると、矢印キーでセルを選択できる状態になります。必ず、「=」から始めてくださいね。矢印キーで、B3セルを選択することができます。続けて「+1」を入力し、〔Enter〕キーで確定すると、「2019/1/1」が表示されます。日付に関しては第5章でくわしく説明します。

日付は「数式」で入力する

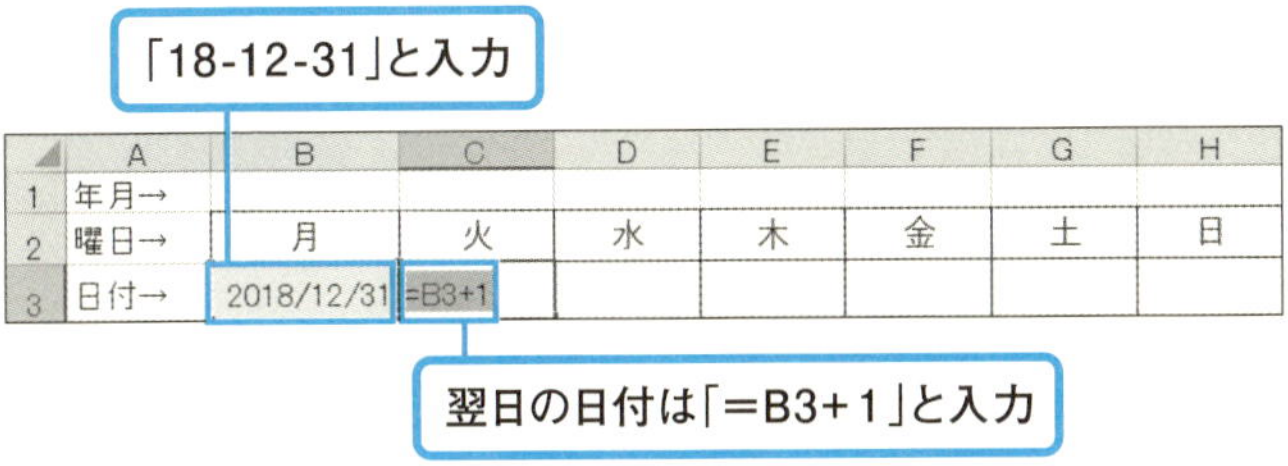

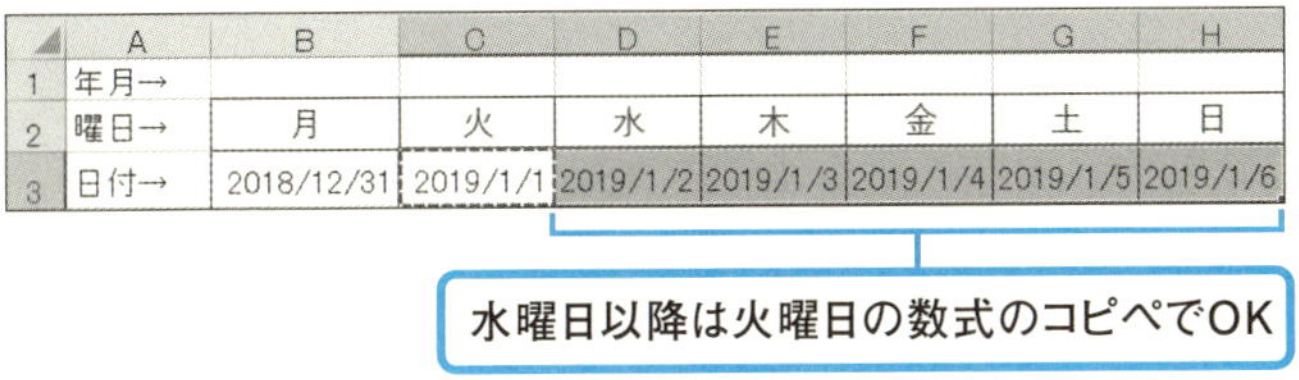

残りのセルはコピペで仕上げます。キーボードを使ったコピペの手順も今のうちに身につけてください。

①〔Ctrl〕＋〔C〕でコピーする
②〔Shift〕＋矢印キーで貼りつける範囲を選択する
③〔Ctrl〕＋〔V〕で貼りつける

C3セルをコピペすると連続した日付を作成することができます。

コピペがうまくいかずに元に戻したいときは、〔Ctrl〕＋〔Z〕で戻します。これも習慣にしてください。

Basics of Excel

9

意外と知らない「セル内の改行」

!

基本的な書式設定は
最初に覚えておくとラク

改行をスペースでごまかしていませんか？

エクセルを使っていると、

「表の中央にタイトルを表示したい」

「文章が長くなったので、セルの中で文章を改行したい」

など、細々とやりたいことができてきます。

ここではカレンダーの作成を例に、基本的な書式設定をご説明していきます。


【セルの結合】

カレンダーのタイトルとなる、「月」の部分を作成してみましょう。

「2019年1月」という文言が、横幅の中央にくるように設定します。

まずは、セルを結合する方法で作成してみましょう。

最初に結合をするセルを範囲選択します。セルの書式設定ウィンドウの「配置」タブから、「セルを結合する」をクリックし、「横位置」を中央揃えに変更すると、

「2019年1月」の文字が横幅の中央に配置されます。

選択範囲内で中央

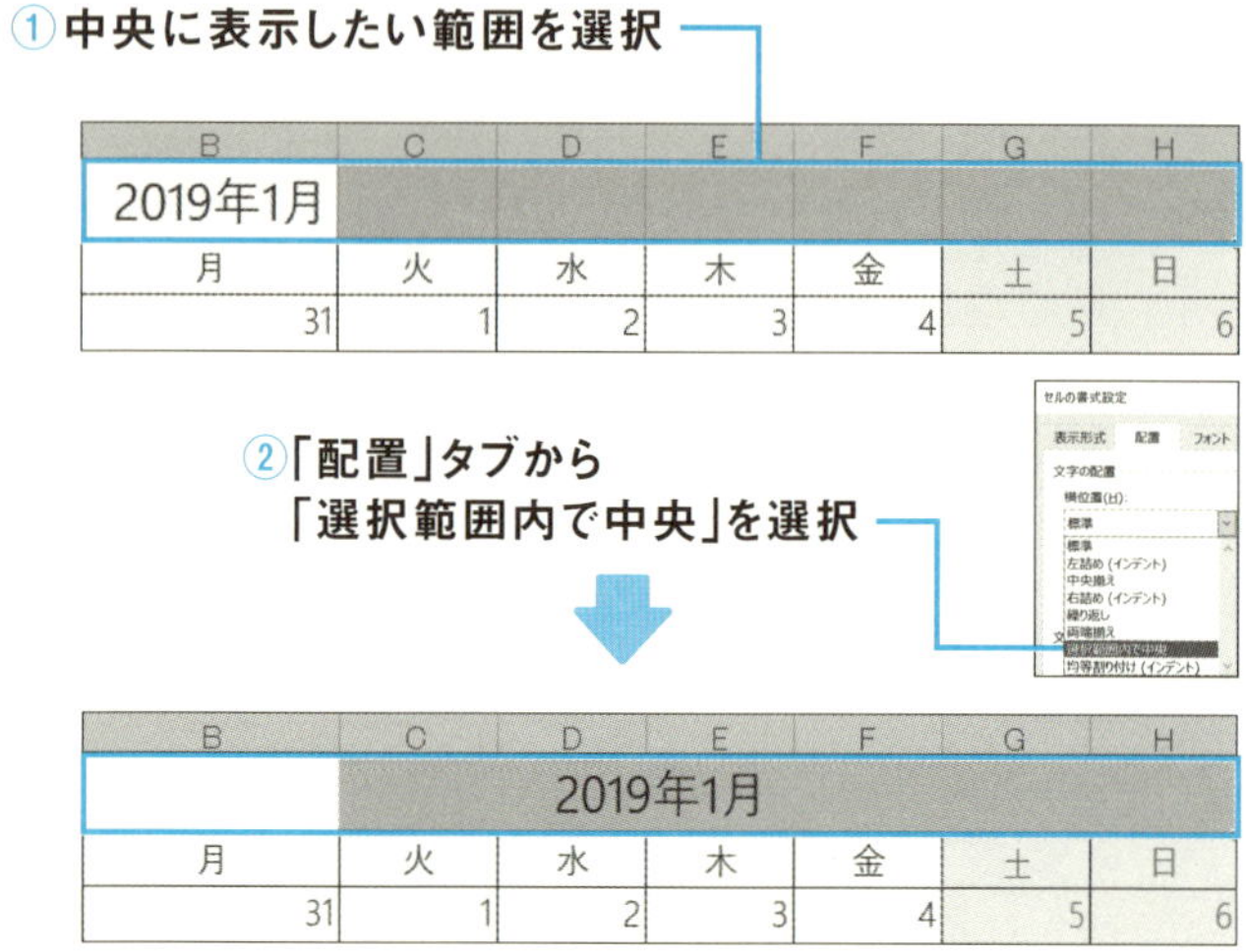

【選択範囲内で中央】

　エクセルをある程度使えるようになってくると、**セルの結合がしてあるエクセルシートはとても扱いにくい**のがわかるはず。矢印キーでの移動やコピペがやりにくいのです。できるだけセルの結合はせずに、「選択範囲内で中央」の設定を使いましょう。

　上の図を見てください。まずは、セルの結合のときと同じように、中央に表示したい範囲を選択します。

　次に、セルの書式設定ウィンドウの「配置」タブから、「横位置」を「選択範囲内で中央」に変更します。

　データは、B1セルに入ったままなの

セル内で改行する

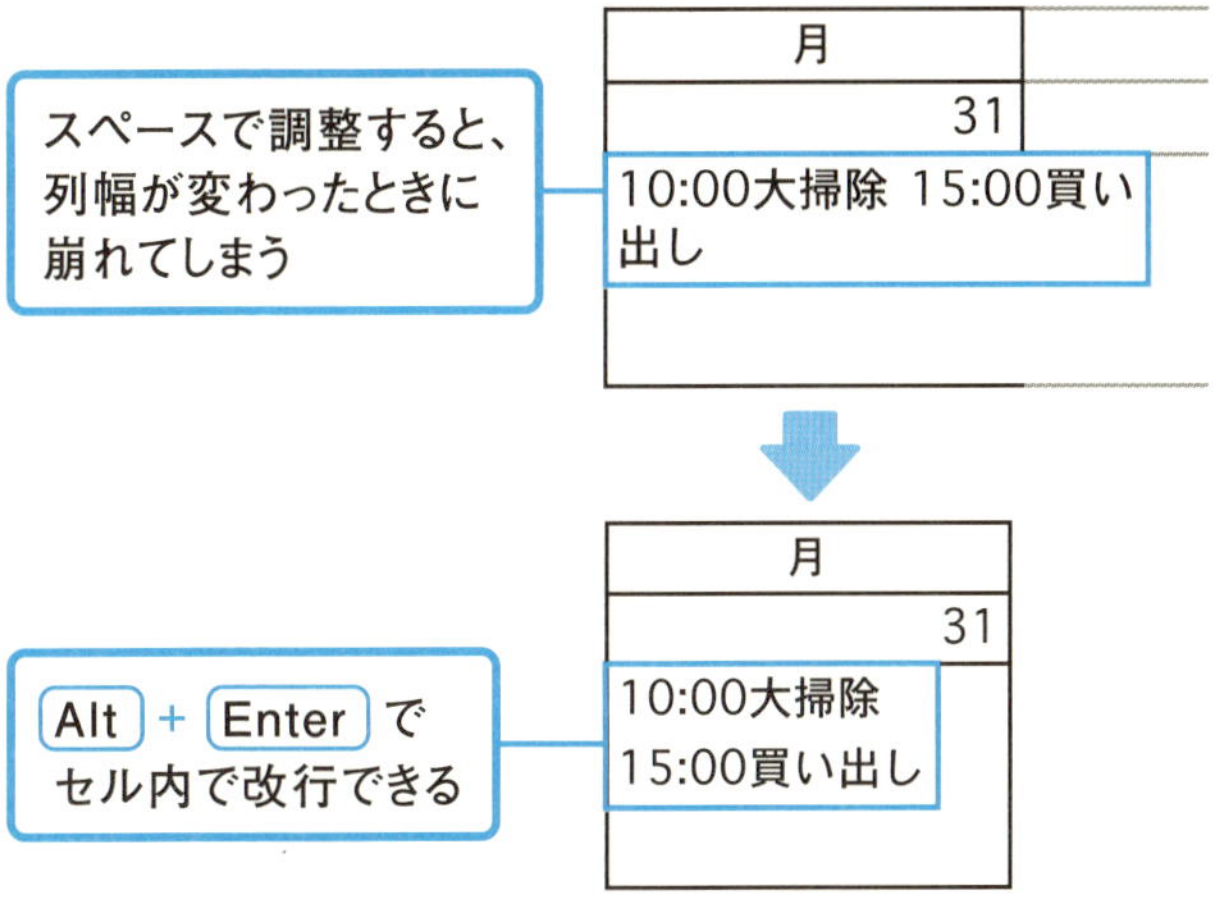

ですが、見た目だけカレンダーの中央に表示されます。このほうが、セルの結合をしていないので扱いやすいです。

【セル内で改行する】

カレンダーの予定を入力するとき、複数の予定を1つのセルに入力するなら改行したいですよね。

改行しようとして〔Enter〕キーを押すと下のセルに移動してしまいますが、〔Alt〕+〔Enter〕を押すとセル内改行することができます。

改行しているように見せるために、スペースを入れて調整しているシートを見かけることがありますが、列の幅を変え

列幅を揃える

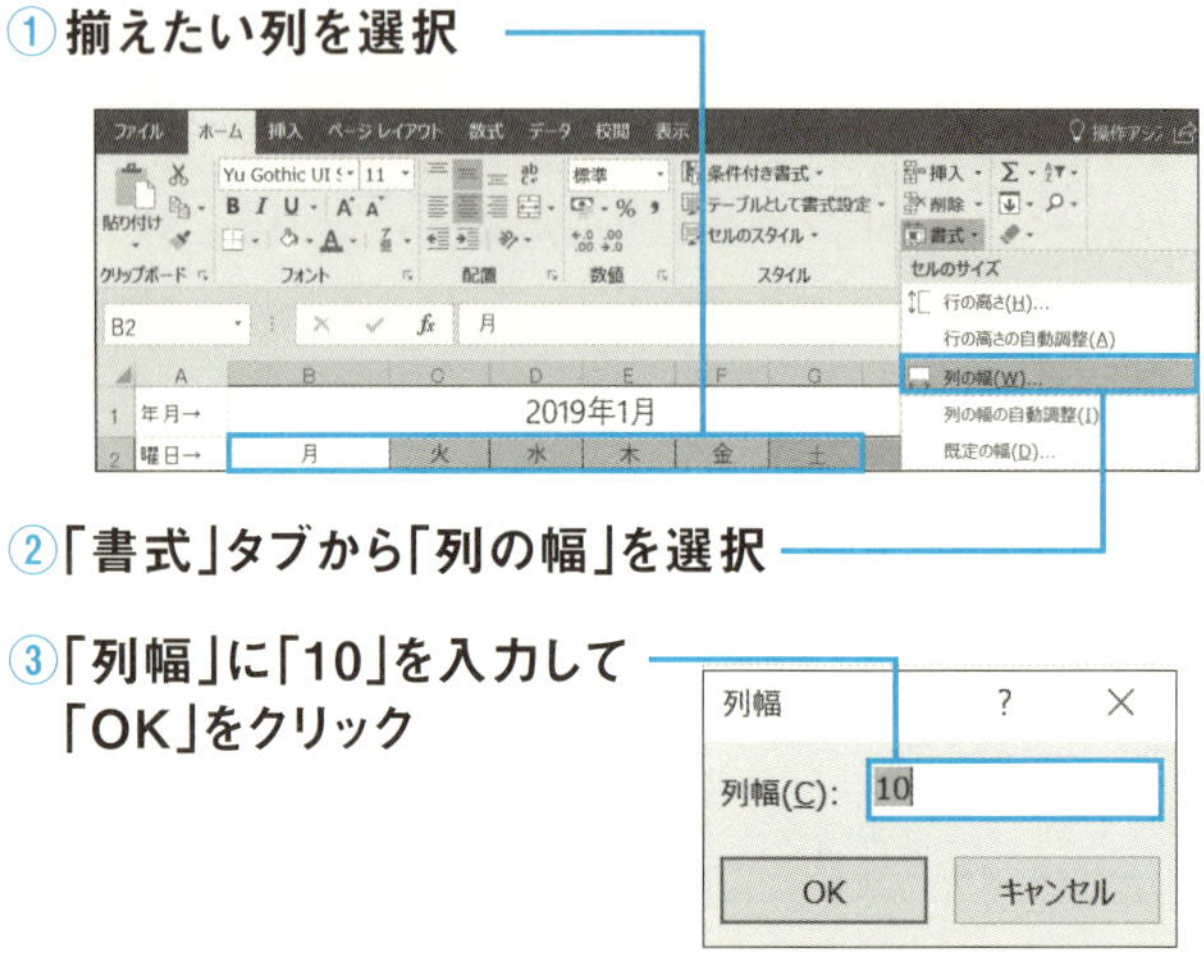
①揃えたい列を選択
②「書式」タブから「列の幅」を選択
③「列幅」に「10」を入力して
「OK」をクリック
列幅
列幅(C):
10
OK
キャンセル

ると崩れてしまいます。

【列幅を揃える】

列幅も揃えましょう。

揃えたい列を選択し、「ホーム」タブから「書式」ボタンをクリックし、「列の幅」を選択し、数字を入力します。「自動調整」もよく使います。

【目盛線を消す】

セルを区切っている線（目盛線）は消すことができます。「表示」タブをクリックして、「目盛線」のチェックを外すだけです。

これでカレンダーの完成です。

目盛り線を消す

セルを区切っているグレーの線（目盛線）は消すことができる

「表示」タブから「目盛線」のチェックを外す

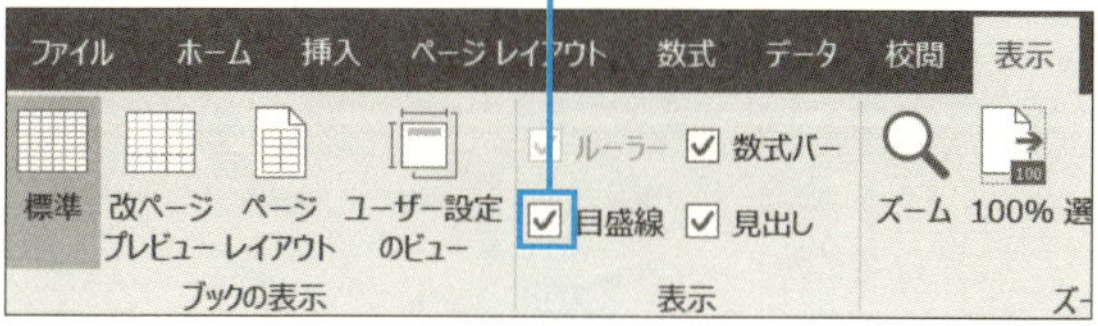

覚えることがたくさん！と焦らなくても大丈夫。
使っているうちに直感的に使えるようになる

Basics of Excel

10

「1ページで印刷したかったのに…」初歩的なミスをなくすには?

!

相手に見やすく印刷するのは、
ビジネスの基本中のキホン

「ページ設定」で思い通りに印刷できる！

基本中のキホン、印刷です。

データを印刷する際に、エクセルではある程度設定しないと、「1ページで印刷したかったのに、4ページになってしまった……」「シートが途中で切れている」などのトラブルが起きがちです。

印刷するには、まず「ページ設定」を覚えましょう。

そのままできれいに印刷できることもありますが、多くの場合、ページ設定することによって、思い通りの印刷をすることができます。

ページ設定ウィンドウは「ページレイアウト」タブや印刷画面の「ページ設定」から開きます。開くと、ページ・余白・ヘッダー／フッター・シートのタブがあるウィンドウが出ます。

それぞれのタブごとに設定のポイントがあるので、順番に解説していきます。

印刷する際の参考にしてください。

「ページ」タブの注意点

①大きな表を1枚に印刷しようとすると、小さくなってしまう…

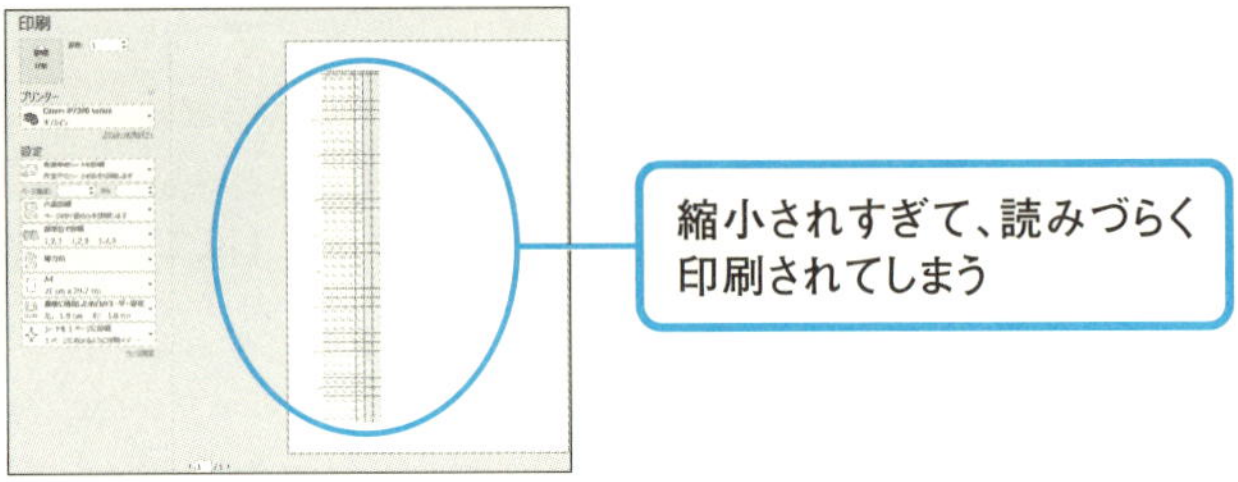

②「次のページ数に合わせて印刷」にチェックを入れ、横を1、縦を削除して空白にすると綺麗に収まる

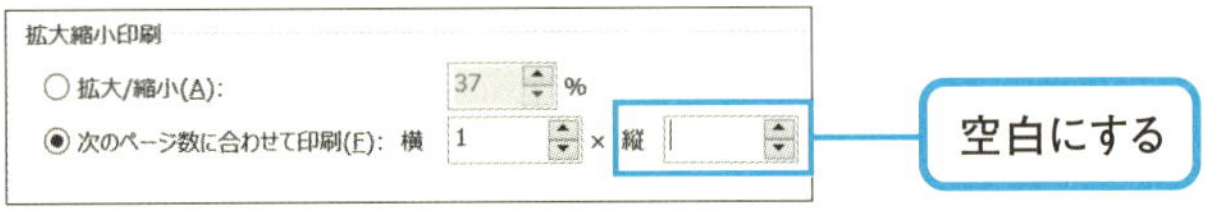

【ページ】タブ

ここでよく使うのが「拡大縮小印刷」です。

拡大縮小率を「%」で指定することもできますが、「次のページ数に合わせて印刷」を選択すると自動で拡大縮小率を設定してくれます。「印刷プレビュー」をクリックして、印刷前に印刷イメージを確認することができます。

大きな表を1ページに印刷しようとすると、文字がとても小さくて見にくくなってしまうことがあります。

こんなとき、横幅はぴったり合わせて、縦の枚数を増やすことができます。

横の枚数を1にして、縦の枚数を削除

「ヘッダー／フッター」の使い方

ヘッダーにはタイトルを、フッターにはページ数を入れるとわかりやすい

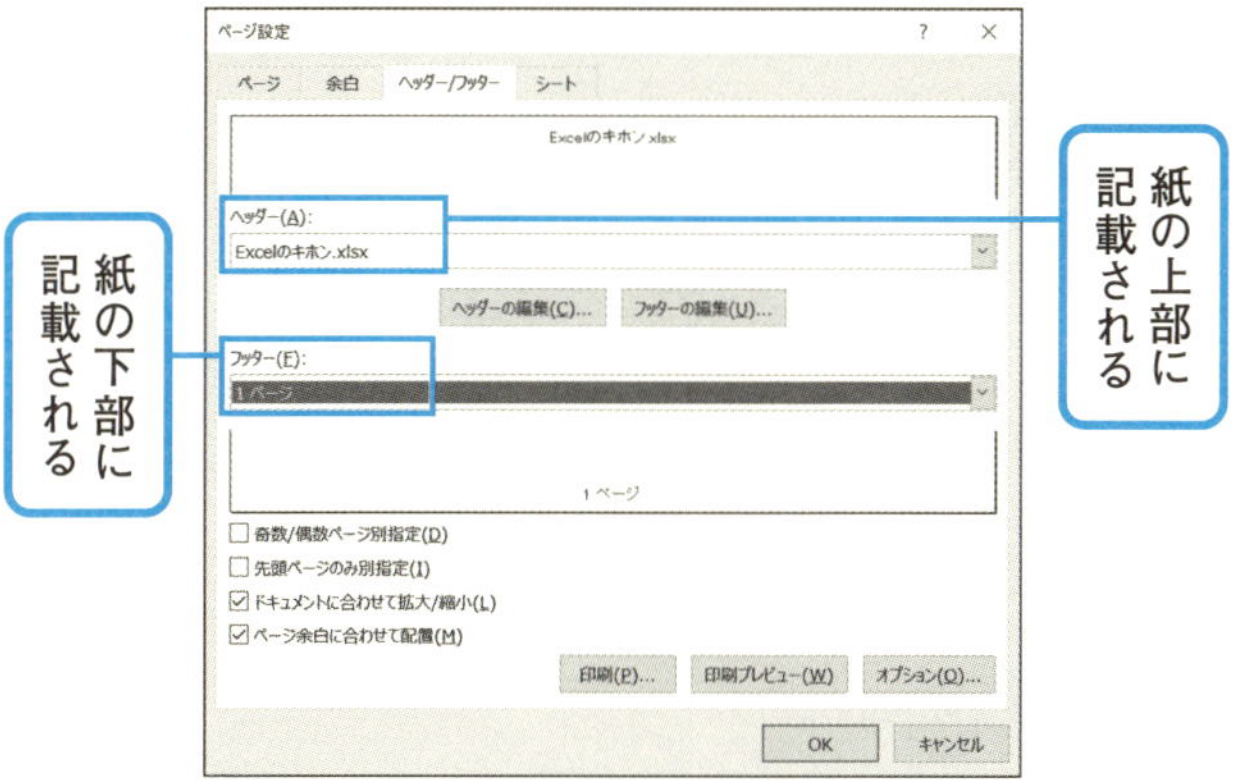

すると、横幅に合わせた大きさで枚数を計算してくれます。

【余白】タブ

印刷時の余白を設定します。

ここからレイアウトの上下左右の余白を設定できます。

【ヘッダー／フッター】タブ

ヘッダー、フッターというのは、シートの内容とは別に、タイトルやページ数などをすべての紙に印刷したいときに使う機能です。ヘッダーは紙の上部、フッターは紙の下部に表示されます。

プレゼンなどで紙で印刷した資料を配

印刷のタイトルを固定し、印刷する

①「ページ設定」から「シート」タブを選択

②「シート」タブから、タイトルにしたい部分を選択

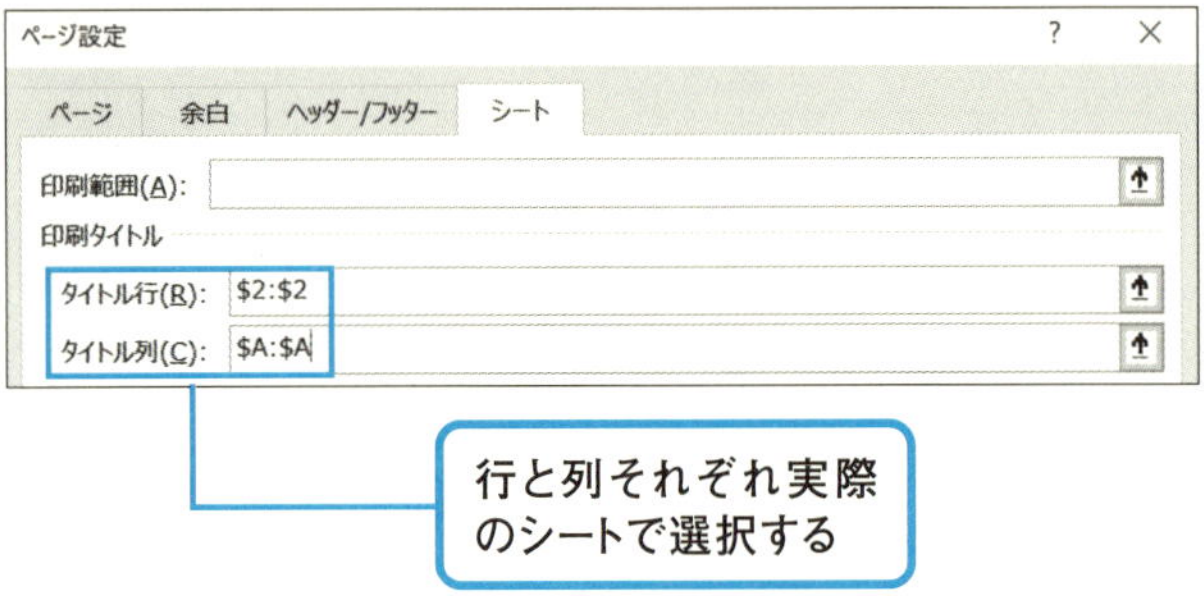

③印刷は Ctrl + P

布して説明するとき、資料にページ番号が表示してあると、とてもわかりやすいです。

【シート】タブ

「印刷タイトル」機能でよく使います。

大きな表を印刷して複数ページにまたがるとき、表のタイトル部分をそれぞれのページに表示させるために使います。

前述の通り、印刷のショートカットキーは〔Ｃｔｒｌ〕＋〔Ｐ〕です。

ほとんどのアプリケーションで〔Ｃｔｒｌ〕＋〔Ｐ〕が印刷のショートカットキーになっています。「Ｐ」は「Ｐｒｉｎｔ」の「Ｐ」と覚えましょう。

第 3 章

ミスなく素早くわかりやすいデータを作る!

Basics of Excel

Basics of Excel

11

「この作業、面倒！」＝工夫の余地がある、ということ

!

データベースを作っていると、
いろいろな壁にぶち当たる

IT時代には検索能力も重要なスキル

名簿の管理や在庫管理するときに、エクセルを利用される方も多いのではないでしょうか。実際、エクセルは大量の情報が整理された「データベース」を管理するのに最適です。

エクセルで管理すると、見やすいだけでなく、特定の情報のみを表示させたり、並び替えたりといったこともラクにできます。 これがワードなどではそうはいきません。

第2章ではエクセルに慣れるため、エクセルの体裁を整えるさまざまな機能をご紹介しました。第2章の内容は、言わばエクセルをメモ帳代わりの延長で使うやり方です。これだけでも十分に便利なのですが、エクセルの機能を十分活用しているとは言えません。エクセルは名簿や支店ごとの売上などの「データ」を使いこなすと、もっと威力を発揮します。

しかし、いざ、社員の名簿や社員別、支店別の売上を作成する、といったときに、入力し始めると気がつくことがあります。たとえば、「社員名簿」を作ろうとすると、次のようなことです。

・社員番号を入力するときに、「漢字モード」になっていると面倒
・社員名を入力するときに、「漢字モード」にしなければならないのは面倒
・性別は2つしかないので、入力せずに選択したい
・支店も入力せずに選択して、入力ミスを防ぎたい
・生年月日を入力するときに、「漢字モード」を終わらせなければならないのは面倒
・次の行を入力するときに、矢印キーを何度も押して戻るのは面倒

本当に「面倒」なことだらけですね（笑）。

会社で「面倒くさい！」などと言ったら、上司や先輩から怒られますので、ＩＴの時代にあっては、「面倒」＝「工夫の余地がありそう」のように発想の転換をしましょう。

「工夫の余地がありそう」と思ったら、すぐに調べてください。**基本を身につけた人が正しく検索すれば、解決の糸口を必ず見つけることができます。**ＩＴの時代は検索能力も重要なスキルの１つです。

データベースを作ろうとすると面倒なことがたくさん!

・数字を入力したいのに、漢字モードになっている…

・人の名前を入力するときに、いちいち漢字モードにしなければならない…

・性別は2つしかないのに、手打ちするのが大変

・支店名の入力ミスを防ぎたい

・次の行を入力するとき、矢印キーを何度も押して戻らなければならない

↓

コツを覚えれば一気に解決!

わからないことがあったらすぐに調べてみよう。
解決の糸口は必ず見つかる!

Basics of Excel

12

うっかりミスを防いでくれる！入力規則

!

入力に不備があると、
システムが正しく作動しない

入力時に「チェック」をかける

「あれ?　あの商品登録したはずなのに検索しても出てこないぞ……」

「今月売上がもっとあるはずなのに……」

こんなことはありませんか?

エクセルは数字や名称が正しく入っていないと、検索しても出したいデータが出てこないことがあります。

データベースに正しい情報が登録されていないと、不便というより、データが不完全な状態だと言わざるを得ないでしょう。

ＩＴの世界では、システムが意図した通りのデータが入力されることが重要です。数字が入るべきところに文字が入っていたりすると、システムが正しく動作しないことがあるのです。このため、システムを作るときには入力時にチェックをかけます。

典型的なのは、

・数字が入力されたかどうかのチェック（専門用語でニューメリックチェックという）

・日付が存在するかのチェック（2月30日は存在しない、など）
・データが存在するかどうかのチェック

などです。

入力時にこのようなチェックをかけるために、エクセルでは「入力規則」という機能を使います。「入力規則」の使い方は簡単。次の3ステップです。

① 入力規則の設定をしたい範囲の選択
② 「データ」タブの「データの入力規則」をクリック
③ 入力規則を設定する

慣れてきたら、①の範囲は行や列全体を指定してもかまいません。
ここからは80～81ページの図を参考にしながら、確認してみてください。

数字しか入力できないようにする

社員番号の列は数字しか入力されない場合が多くあります。

そこで、社員番号の列に日本語やアルファベットなどの文字が間違って入らないように、数字しか入力できない設定にしてみましょう。

後の項目で説明しますが、関数を使ったシートを作る場合などで、本来数字が入っているべき部分に文字が入っていると、正しい結果が表示されなかったり、エラーが起きてしまいます。一見数字に見えても文字列のことがあるので、注意してください。

まずは、先ほど説明したように、社員番号の列を選択して、「データの入力規則」をクリックします。列を選択するショートカットキーは〔Ｃｔｒｌ〕＋〔ＳＰＡＣＥ〕です。

「データの入力規則」ウィンドウが開いたら入力規則を設定します。今回の社員番号は４桁の数字なので、「入力値の種類」→「整数」、「データ」→「１～９９９９」を指定します。

「エラーメッセージ」タブでは、エラーデータが入力されたときの動作を設定します。

エラーデータを入力させたくないときは、スタイルで「停止」を選択します。

たとえエラーでも、データを入力してもいいケースでは「注意」もしくは「情報」

入力規則の設定はカンタン！

①範囲を指定

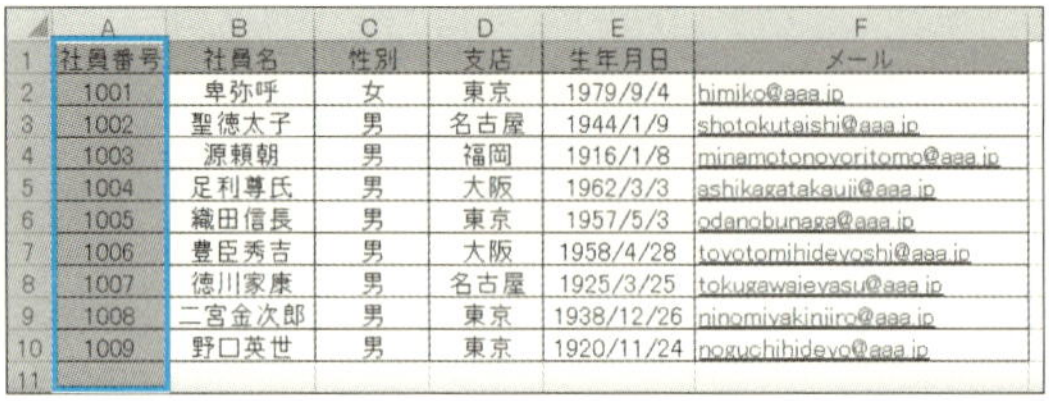

	A	B	C	D	E	F
1	社員番号	社員名	性別	支店	生年月日	メール
2	1001	卑弥呼	女	東京	1979/9/4	himiko@aaa.jp
3	1002	聖徳太子	男	名古屋	1944/1/9	shotokutaishi@aaa.jp
4	1003	源頼朝	男	福岡	1916/1/8	minamotonoyoritomo@aaa.jp
5	1004	足利尊氏	男	大阪	1962/3/3	ashikagatakauji@aaa.jp
6	1005	織田信長	男	東京	1957/5/3	odanobunaga@aaa.jp
7	1006	豊臣秀吉	男	大阪	1958/4/28	toyotomihideyoshi@aaa.jp
8	1007	徳川家康	男	名古屋	1925/3/25	tokugawaieyasu@aaa.jp
9	1008	二宮金次郎	男	東京	1938/12/26	ninomiyakinjiro@aaa.jp
10	1009	野口英世	男	東京	1920/11/24	noguchihideyo@aaa.jp
11						

②「データ」タブから「データの入力規則」をクリック

（↖p81に続く）

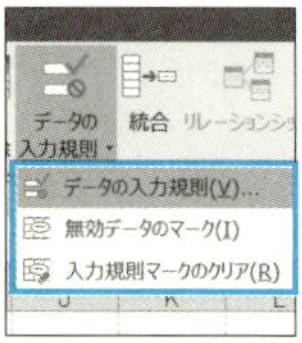

を選択します。

また、「日本語入力」タブでは、日本語入力機能をコントロールすることができます。

漢字氏名など絶対に日本語（全角）でしか入力しない項目や、逆に金額など絶対に全角では入力しない項目があるときに、設定するととても便利です。

社員番号は数字なので、日本語入力はオフに設定しておきましょう。逆に社員名の列は、日本語入力をオンにしておきます。

こうしておくと、列が変わるたびに、いちいち漢字キーを押す必要がなくなります。

③数字しか入力できないようにするため、入力値の種類、最小値、最大値をそれぞれ設定する

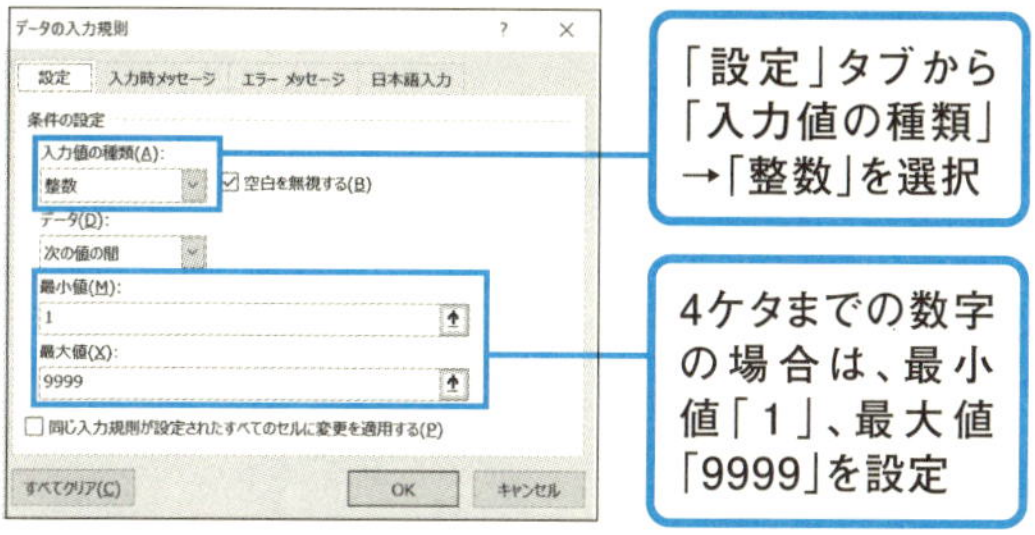

④数字以外が入力されたときの設定をする

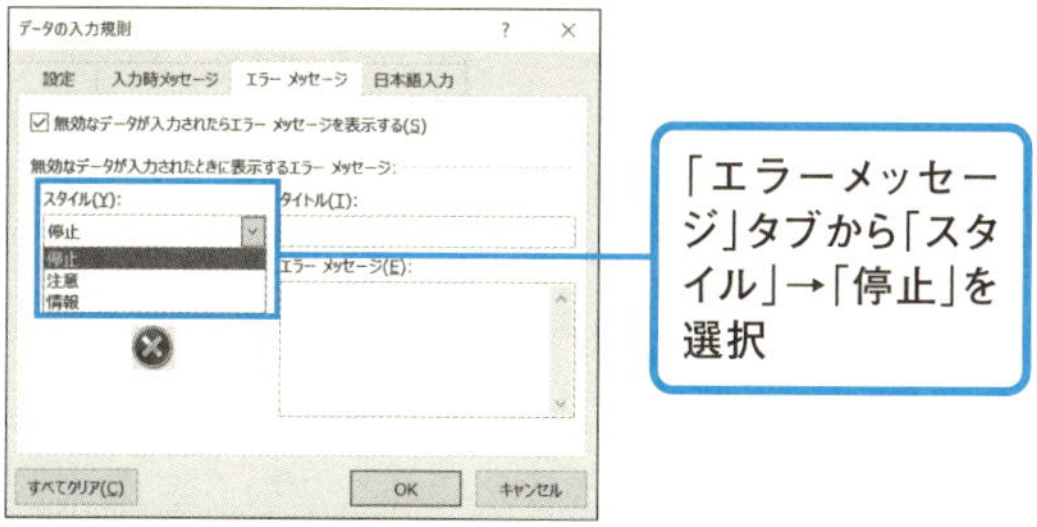

⑤「日本語入力」をオフに設定する

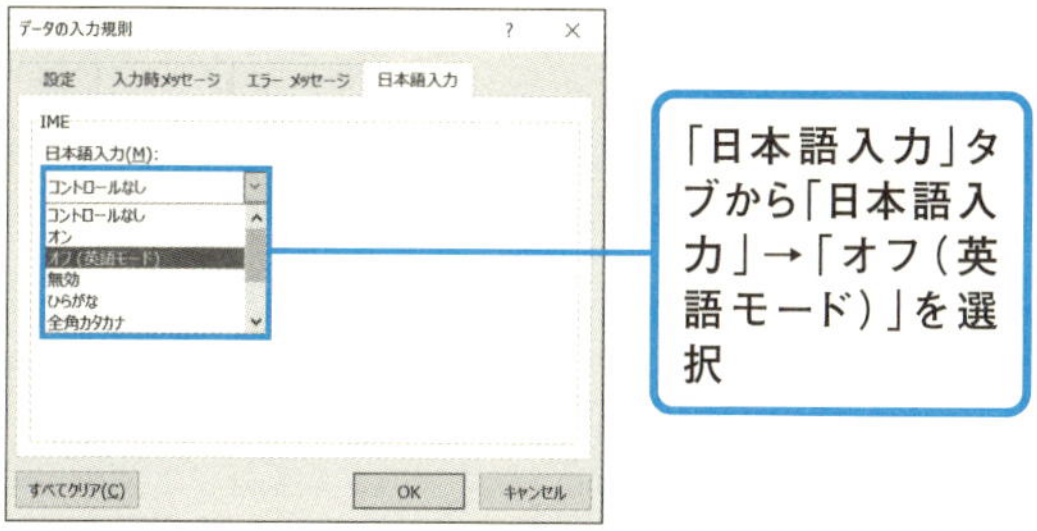

Basics of Excel

13

男女、都道府県…選択肢が決まっているときは、「リスト」を使う

!

リストの設定で、
文字の入力作業をミニマムに!

手打ち入力のほうが、ミスの危険性が高い

性別や支店名などのように、限られた選択肢の中から入力する場面は多いと思います。

性別は「男」か「女」かしかないのに、毎回入力のたびに「おとこ」とか「おんな」とか打って変換するのはバカバカしいですよね。

毎回手打ちで入力するのは、時間がかかるのはもちろん、打ち間違いや入力ミスの危険性が高くなります。

こういうときは「リスト」を使います。**「リスト」とは、あらかじめ決められた選択肢から、入力したい言葉を選択できる状態をつくること**です。

リストを設定することで、いちいち文字を入力する作業を効率化することができます。また、後の項目で解説しますが、たとえばフィルターをかけて、「男」だけを表示するときや、関数を使用する際など、誤ったデータが入っていると正しい結果にならなくなります。こうした危険を防ぐためにも、ぜひリストを活用してください。

リストも「入力規則」から設定します。

リストの使い方

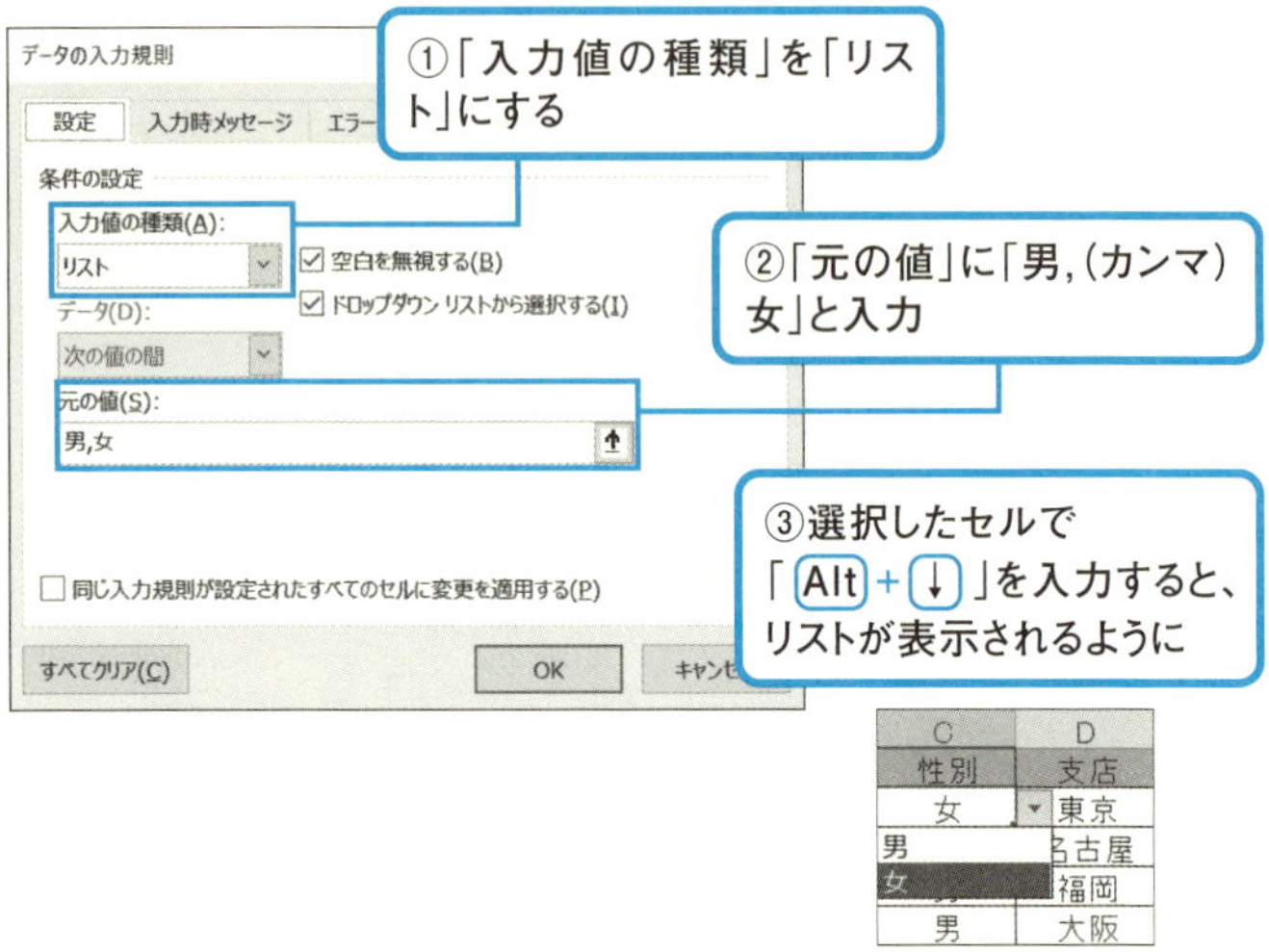

性別の列全体を選択したら、入力規則ウィンドウを開き、「入力値の種類」の「リスト」を選択し、「元の値」の項目に、「男，女」を打ち込みます。カンマで区切ると、それぞれ別の選択肢になります。

するとアクティブセル（選択したセル）に、ドロップダウンリストボックス（選択できる文字が入ったボックス）が現れ、「男」「女」を選択できるようになります。リストから選択するときも、マウスを使わずに、〔Alt〕+〔↓〕で表示し、矢印キーで選択、〔Enter〕キーで確定するようにしましょう。リストを閉じるときは、もう一度〔Alt〕+〔↓〕か〔ESC〕キーです。

選択肢が複数ある場合

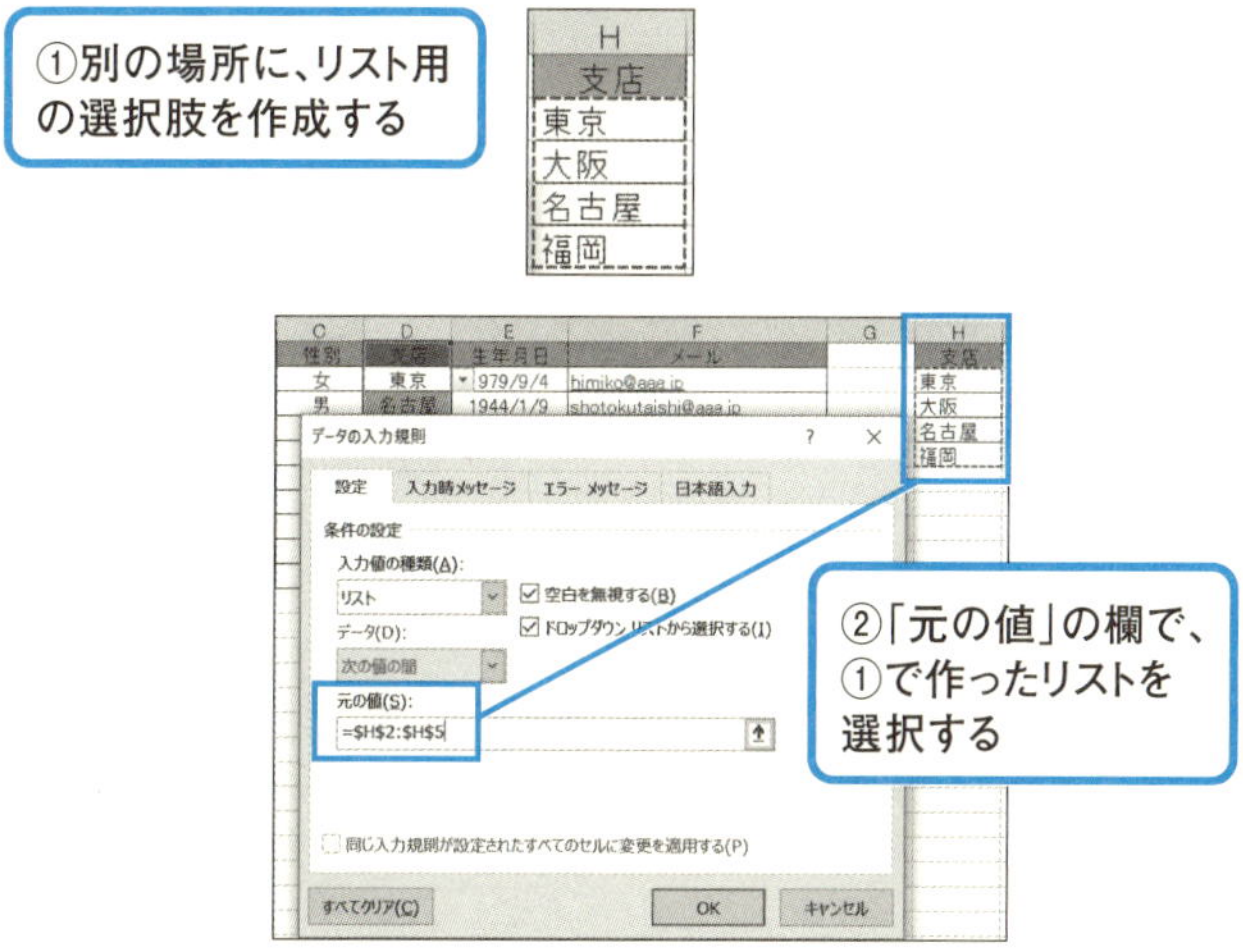

選択肢の抜け漏れを防ぐ

では、次に支店名のリストも作成しましょう。少ない選択肢なら手打ちでもいいのですが、東京、大阪、名古屋……などのように選択肢が多いと抜け漏れが起きやすく、追加したり削除したりといったメンテナンスもやりづらくなります。

こんなときはエクセルシートにリストを作成して、セルの参照をしましょう。

今回は上の図のように、同じシート内に、支店名のリストを作成します。

後は、先ほどと同じ要領で入力規則を開き、「元の値」の項目で、作成したリスト全体を選択するだけです。

選択肢を追加する方法

①挿入したいセルを選択して
Ctrl + ＋ を入力

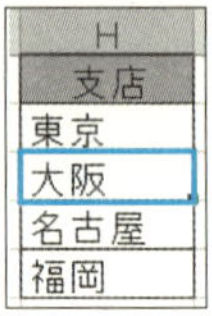

②「下方向にシフト」を
選択する

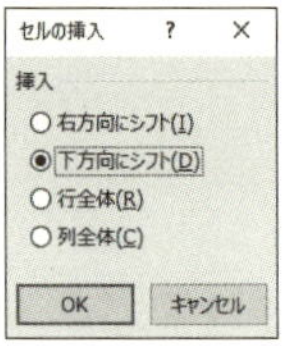

③空白のセルが挿入されるので、
文字を入力

④リストに反映されるように
なる

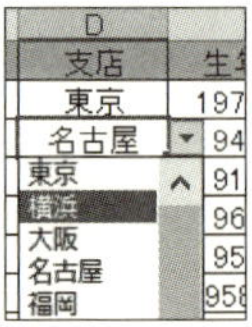

選択肢を追加したいときは

試しに「東京」の下に「横浜」を追加してみましょう。

「東京」の下のセルを選択して「セルの挿入」を実行します。ショートカットキーは〔Ctrl〕+〔+〕です。ただし、テンキーのないキーボードで〔+〕を表示するためには、〔Shift〕+〔;〕を押します。このため、〔Ctrl〕+〔Shift〕+〔;〕になることに注意してください。

セルの挿入後はデータを下方向に移動させたいので、矢印キーで「下方向にシフト」を選択して〔Enter〕キーを

選択肢を追加したのに反映されない場合

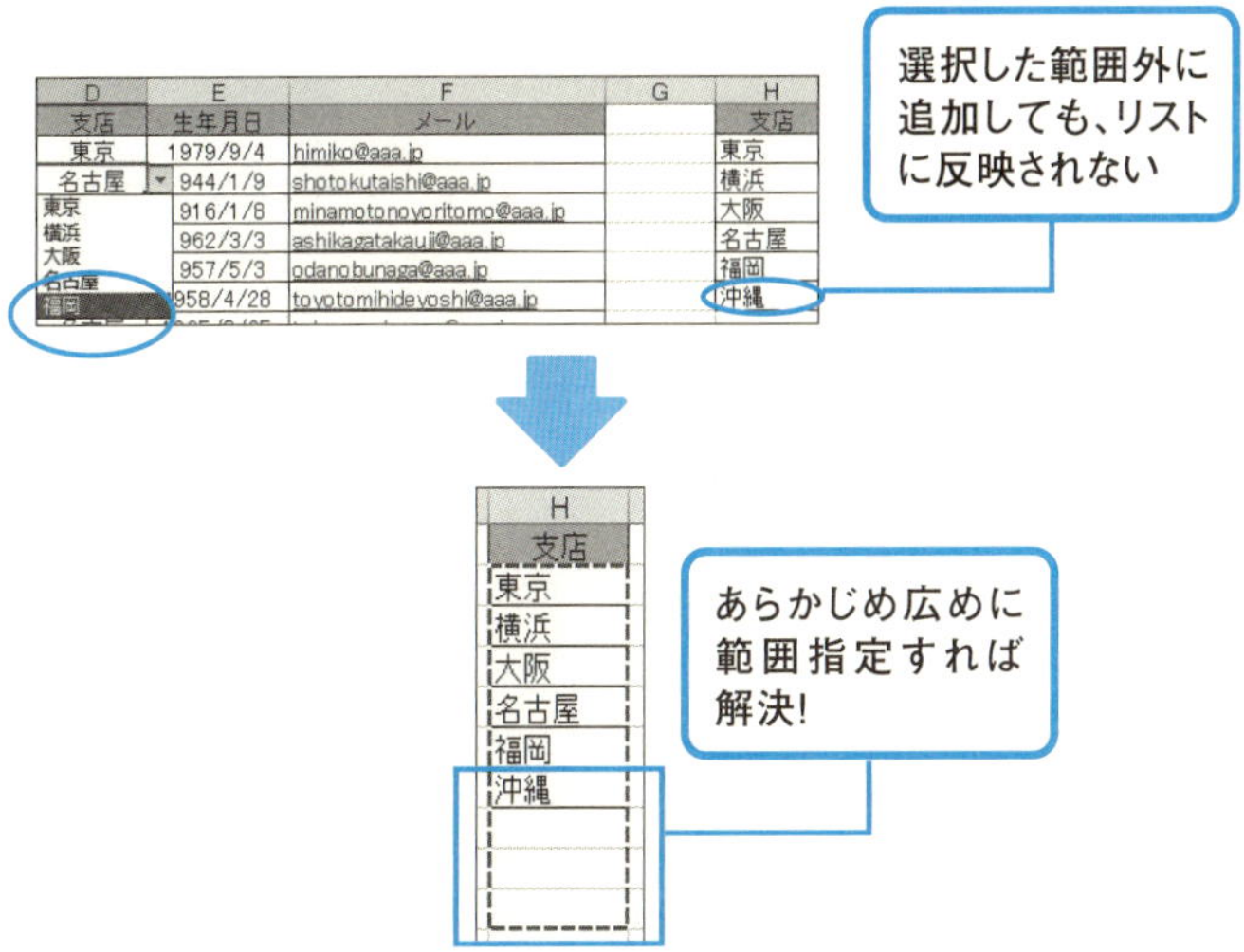

押します。

追加されたセルに「横浜」と入力すると、リストにも反映されます。

注意しなければならないのは、**リストで指定した範囲外のセルにデータを入力しても、反映されない**ということです。

リストに反映させたいデータは、範囲内にセルを挿入して範囲を広げる必要があります。

上の図のように、リストが増えることを織り込んで、あらかじめ広めに範囲を選択しておくと良いでしょう。

Basics of Excel

14

海外在住者だけを知りたい。そんなときに使える「フィルター」機能

!

直感的な操作で使うことができ、
実務での利用頻度も高い

使い方は簡単! 3つの手順でフィルターをかける

エクセルで名簿を作成すると、支店や男女といった属性ごとに整理するのが簡単になります。たとえば、東京支店に所属する人だけを抽出する、といったことが瞬時に可能になります。ほかにも、住所録の中から特定の人のデータだけを表示させて印刷したりすることもできます。

名簿から特定の条件に合致する行だけを抽出するためには、「フィルター」という機能を使います。フィルターを使うことで、何万行のデータの中からでも、「東京支店」の人のデータだけ、「男」の人のデータだけを表示させることができます。

フィルターは直感的な操作で使えるので、とても理解しやすく、実務での利用頻度も高い機能です。

この機能を使わないと、印刷した名簿の中から、該当する箇所に蛍光ペンなどで印をつけて……と、かなり面倒で、しかもミスが起きやすい方法に頼ることになってしまいます。

使い方は簡単なので、ぜひフィルターの使い方をマスターしましょう。

フィルターは3つの手順でかけることができます。次のページの図を見てください。

名簿の中から、東京支店に所属する人だけを抽出してみます。

まず、フィルターをかけたい名簿の範囲を選択します。ショートカットキーを使って素早く選択できるようにしてください。

A1セルを選択してから、〔Ctrl〕+〔Shift〕+〔↓〕（矢印キー下）を押すと、社員番号が入力されている範囲が選択されます。この状態で続けて、〔Ctrl〕+〔Shift〕+〔→〕を押すと、名簿全体が選択できます。

次に、フィルターを起動します。

フィルターをかけるショートカットキーは〔Ctrl〕+〔Shift〕+〔L〕です。フィルターを外すときも同じです。マウスを使う場合は、「ホーム」タブか、「データ」タブの中にある「フィルター」をクリックします。

フィルターをかけたら、フィルターボタン（▼）をクリックすると、その列のデータが表示されます。マウスを使って東京だけチェックを入れて、OKボタンをクリックすると、東京の行だけ抽出することができます。

「フィルター」の使い方

①フィルターをかけたいデータ全体を選択する

Ctrl ＋ Shift ＋ ↓、→

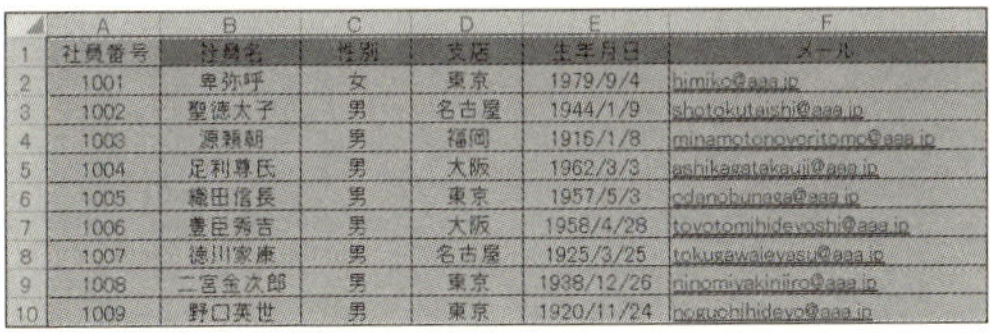

社員番号	社員名	性別	支店	生年月日	メール
1001	卑弥呼	女	東京	1979/9/4	himiko@aaa.jp
1002	聖徳太子	男	名古屋	1944/1/9	shotokutaishi@aaa.jp
1003	源頼朝	男	福岡	1916/1/8	minamotonoyoritomo@aaa.jp
1004	足利尊氏	男	大阪	1962/3/3	ashikagatakauji@aaa.jp
1005	織田信長	男	東京	1957/5/3	odanobunaga@aaa.jp
1006	豊臣秀吉	男	大阪	1958/4/28	toyotomihideyoshi@aaa.jp
1007	徳川家康	男	名古屋	1925/3/25	tokugawaieyasu@aaa.jp
1008	二宮金次郎	男	東京	1938/12/26	ninomiyakinjiro@aaa.jp
1009	野口英世	男	東京	1920/11/24	noguchihideyo@aaa.jp

② Ctrl ＋ Shift ＋ L を押すか、データタブの「フィルター」をクリック

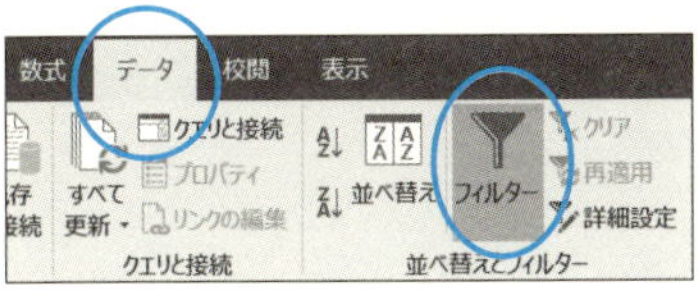

③各見出しごとにフィルターをかけられるようになる

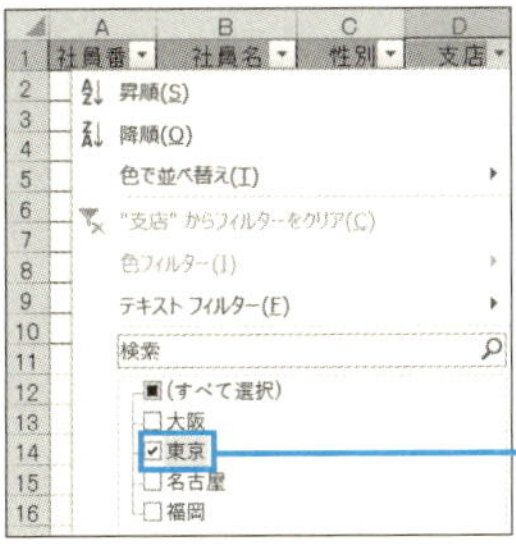

東京のみにチェックを入れれば、東京のデータだけが表示される

フィルターを解除するとき

「クリア」を使ってすべてのフィルターを解除する

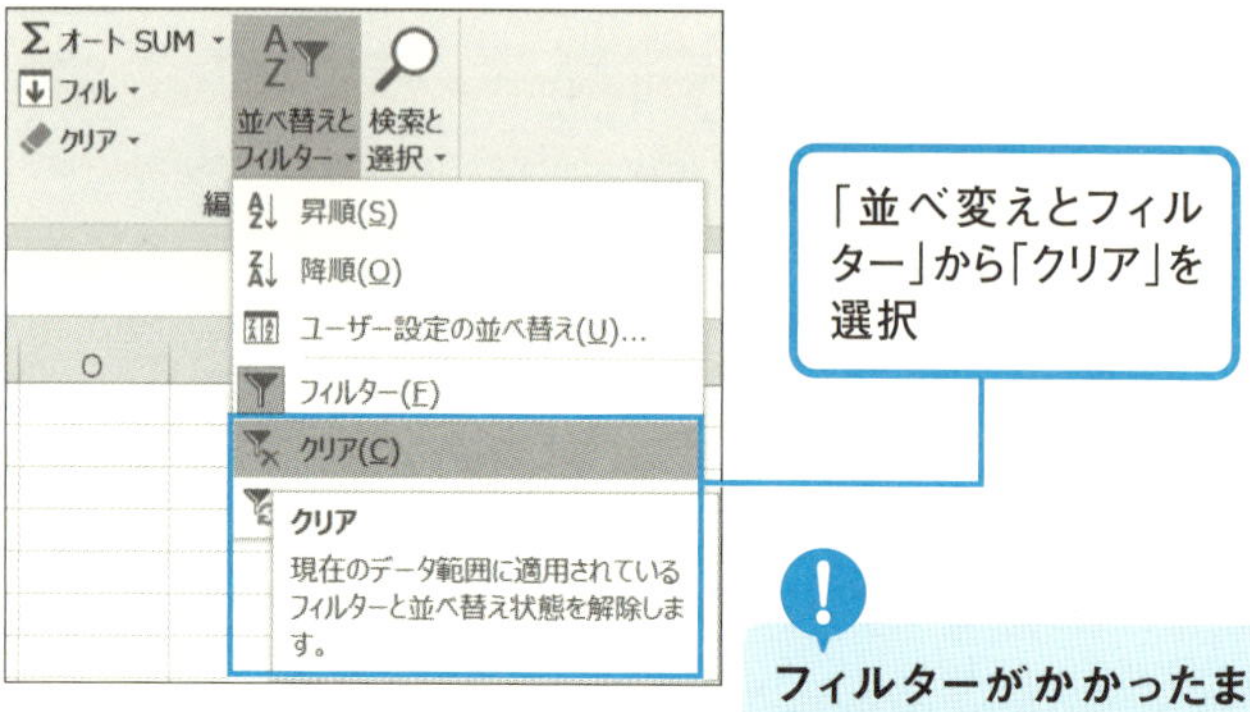

フィルターがかかったままコピペするとデータを壊してしまうことも

フィルターを解除するときは、なるべく「クリア」を使ってすべてのフィルターを解除しましょう。

複数の列でデータの絞り込みをしたとき、全部フィルターを解除したつもりが解除されておらず、一部にフィルターがかかったままコピペをして、データを壊してしまうことがあります。

大きなミスにつながる恐れがありますので、注意してください。

文字列、数字、日付に注意！

日付でもフィルターをかけることができますが、フィルターをかける前に注意が必要です。

日付でフィルターをかけるときの注意点

	A	B	C	D	E	F
1	社員番▼	社員名▼	性別▼	支店▼	生年月日▼	メール▼
2	1001	卑弥呼	女	東京	1979/9/4	himiko@aaa.jp
3	1002	聖徳太子	男	名古屋	1944/1/9	shotokutaishi@aaa.jp
4	1003	源頼朝	男	福岡	'1916/1/8	minamotonoyoritomo@aaa.jp
5	1004	足利尊氏	男	大阪	1962/3/3	ashikagatakauji@aaa.jp
6	1005	織田信長	男	東京	1957/5/3	odanobunaga@aaa.jp

日付に見えても文字列が混じっていると、正しい結果にならない

たとえば、本当はデータは4件あるはずなのに、データが3件しか表示されない、というような現象が起きます。

上の図のように、**「'」で始まるデータは数字や日付に見えても、文字列として認識**されます。

このため、日付フィルターで抽出することができなかったのです。

気づかないと集計ミスにつながることがあるので気をつけてください。

文字列と数字や日付の違いは、上級者でもついて回る問題です。

エクセルで抽出、集計した結果はきちんと検証しましょう。

データを壊しやすいのは、「範囲」が足りていないケース

フィルターをかけると、データを並べ替えることもできます。

簡単な操作でできるのですが、安易に行うとデータを壊してしまう原因にもなるので慎重に行ってください。

データを生年月日順に並べてみましょう。

生年月日のフィルターボタンをクリックして、「昇順」を選択するだけでデータを並べ替えることができます。

並べ替えた後に元に戻す機能はありませんので、社員番号のような元に戻すための列を用意するか、〔Ｃｔｒｌ〕＋〔Ｚ〕で元に戻してください。

データを壊してしまう典型的なミスとしては、フィルターの範囲が足りないケースがあります。

たとえば、生年月日の列までをフィルターの範囲にして、メールの列を範囲に含め

データを並び替えたいとき

データ全体を範囲指定し、「昇順」か「降順」をクリック

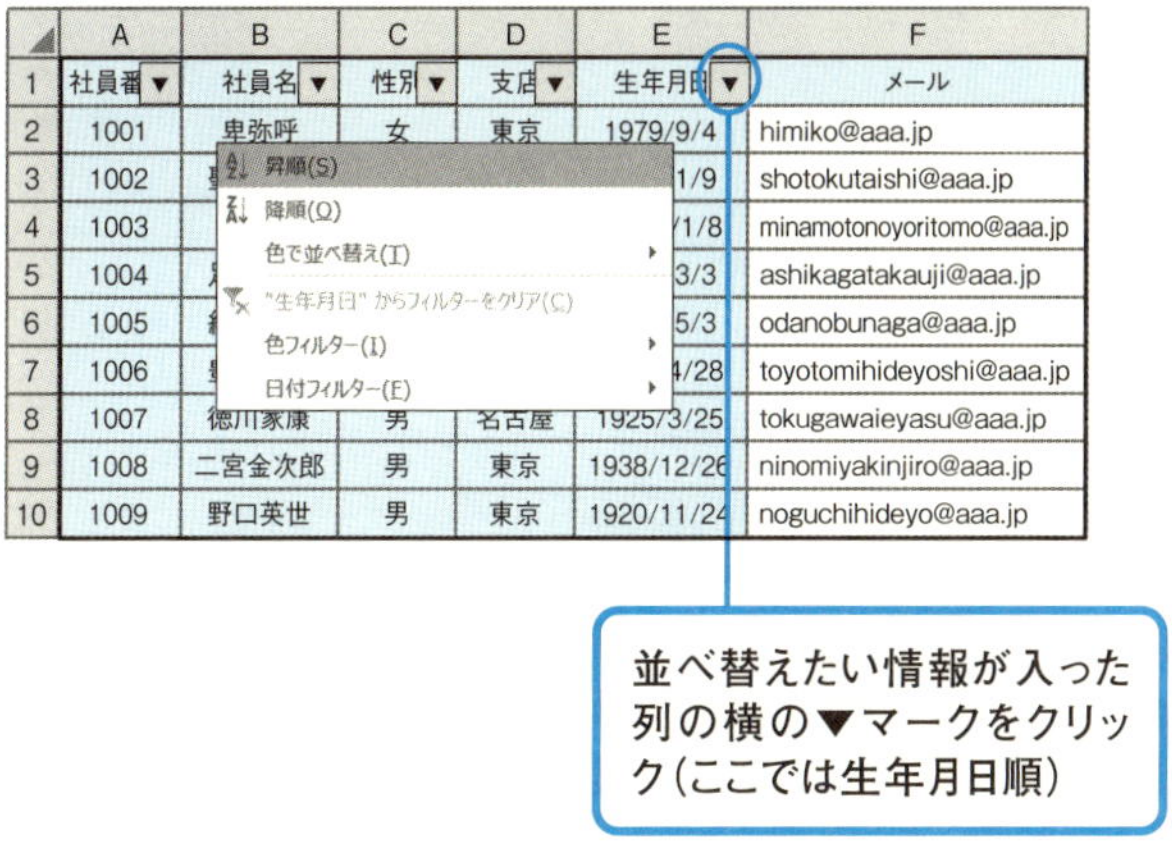

ずに並べ替えると、生年月日までの列とメールの列で不整合が起き、データが壊れてしまいます。

気づかないまま運用すると、大惨事になる可能性があるので注意してください。

Basics of Excel

15

参加者が一目でわかる！飲み会の出欠管理にも使えて便利

!

○、×、△でまとめるだけ。
全体の把握がしやすい

ネットツールよりも、エクセルのほうが融通が利くことも

「エクセル＝仕事で使うもの」というイメージが強いですが、実はさまざまな場面で使うことができます。

家計簿や予定管理、出欠表など、自分に必要な情報のみを表示したり、編集したりできるので、とても重宝します。

たとえば、会社の飲み会の幹事を任されたとき、エクセルで管理するととても便利です。私もプライベートでエクセルを使用して、飲み会の出欠管理をしています。インターネット上で出欠を管理する便利なツールもありますが、いろいろ融通を利かせようとすると、エクセル管理のほうが便利なことがあります。

エクセルの出欠管理には、先にご紹介したリスト機能やフィルター機能を使います。それぞれのメンバーの返答を、「○＝参加、△＝未定、×＝不参加」とし、エクセル上で管理します。全体の把握がとても便利になります。

出欠を入力するときには、83ページで紹介したように、リストを作成します。まず

は、左の図のようにシート上に、○、×、△の選択肢を作り、入力規則の「元の値」の部分に参照します。実際に各項目に入力する際には、ショートカットキーを使いましょう。

出席者だけのリストを作成したいときは、前の項目で説明したフィルター機能を使うと一瞬です。

ほかにも、第4章で解説する「COUNTIF関数」を使えば、出席者や欠席者の人数をすぐに集計することができます。

あまり凝りすぎてもエクセルの良さを失うことがありますが、常にユーザーの使いやすさとミスを減らす工夫を考えて作成しましょう。

リストやフィルター機能を使ってできるあれこれ

①「○、×、△」をシートに作り、「元の値」に参照する

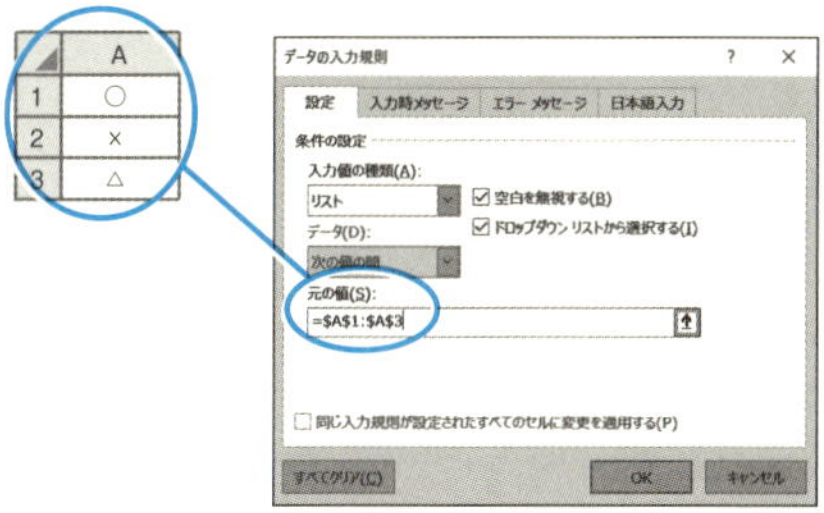

②リストを使って入力する

5	メンバー	出欠
6	卑弥呼	△
7	聖徳太子	
8	源頼朝	○
9	足利尊氏	○
10	織田信長	○
11	豊臣秀吉	×
12	徳川家康	△
13	二宮金次郎	
14	野口英世	

Alt + ↓ で選択し、Enter キーで確定する

出席者だけ表示可能!

5	メンバー	出欠
8	源頼朝	○
9	足利尊氏	○
12	徳川家康	○

出欠席の集計が可能!

	A	B
1	○	3
2	×	1
3	△	1

シンプルな作りのほうがミスが起きにくい。
使いやすさを考えて作ろう

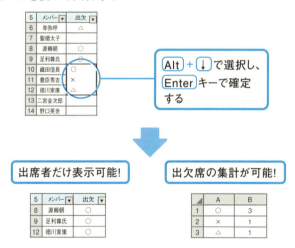

第4章

関数でどんな集計も一瞬で終わる!

Basics of Excel

Basics of Excel

16

エクセルは「超高機能計算機」。数万行の分析も可能

!

売上、勤務時間、顧客情報…
集計機能はあらゆる部署で多用する

「テーブル」とは「表」のこと。難しく考えない

本章から、いよいよエクセルの根幹である「集計機能」について解説します。エクセルは膨大な数の計算も、複雑な計算も、瞬時にこなしてくれます。ぜひ、「超高機能計算機」としてもエクセルを活用しましょう。

会社の実務では、集計作業がたくさんあります。経理部や経営企画部はもちろん、営業部でも売上を集計しますし、人事・総務部では勤務時間や退職金を集計することがあります。マーケティング部では大量の顧客情報を集計して分析します。専用のソフトを使うこともありますが、数万行程度のデータであればエクセルで分析することもあります。

ITを活用した集計を学ぶためには、「テーブル」という考え方を理解しなければなりません。「テーブル」というのは、簡単に言うと「表」のことです。

先頭行が見出しになっており、見出しにしたがってデータが1行ずつ整理された行

の集まりのことを「テーブル」と言います。

データがテーブル形式になっていると、集計がやりやすくなります。

実務で頻出する売上データを作成しながら、「テーブル」を理解しましょう。

本章ではこのテーブルを基本として、さまざまな集計を解説してまいります。

まずテーブルを作るためには、見出しが必要です。左の図のように、「売上日」「売上金額」「社員番号」「社員名」「支店」を横に入力してください。横に移動するときは、〔Ｔａｂ〕キーで確定します。最後の「支店」だけ〔Ｅｎｔｅｒ〕キーで確定すると、次の行の最初の列に戻ります。

見出しを作成したら、見出しにしたがって売上データを１行入力します。行のことを「レコード」と言うこともあります。適当なデータを数件入力すれば、テーブルの完成です。復習のために、書式や入力規則を設定して実際に入力してみてください。たとえば、「売上金額」の項目は、「数字以外入力できないようにする」などです。

本を読んでいるだけでは、「覚える」ことはできても、「身につける」ことはできません。ぜひたくさん実践してみてくださいね。

売上データをテーブル形式で作ってみよう!

見出し

	A	B	C	D	E
1	売上日	売上金額	社員番号	社員名	支店
2	2017/9/1	74,900	1007	徳川家康	名古屋
3	2017/9/19	407,300	1005	織田信長	東京
4	2017/9/27	616,600	1003	源頼朝	福岡
5	2017/10/10	198,600	1002	聖徳太子	名古屋
6	2017/10/26	453,300	1001	卑弥呼	東京
7	2017/10/27	930,400	1009	野口英世	東京
8	2017/10/30	2,387,400	1007	徳川家康	名古屋

Tab キーで確定。
横に移動する

最後の列で
Enter キーを押すと、
最初の列に戻る

集計を学ぶためには「テーブル」の理解が必須。
難しくないので、実際に作ってみよう!

Basics of Excel

17

販売価格が5%上がった。利益はどうなる?

!

関数を使いこなせると、
仕事が劇的に速くなる

関数を使えば、電卓は一切不要!

前項のようなテーブルが完成すると、やりたいことがたくさん出てきます。

・売上の合計を知りたい
・データが何件あるか、件数を数えたい
・支店別の人数を知りたい
・支店別に売上を集計したい
・社員番号を入力するだけで、名簿から社員名と支店を表示させたい

このような、エクセルを使った仕事で発生する「やりたいこと」を解決するために考え出されたのが「関数」。

たとえば、売上などの数値の合計を求める「ＳＵＭ関数」や、データの件数などを数える「ＣＯＵＮＴ関数」などのことです。こうした関数を使うと、**電卓を使ったり、目視で確認したりする必要がなく、まさに一瞬で数値を計算することができます。**

関数はたくさんありますが、もちろんすべてを覚える必要はありません。

本章で紹介する代表的な関数と、第5章で紹介する応用的なものを覚えておいて、後は「こんな集計をしたい」と思ったときに、随時調べるくらいで十分です。

「関数」とは、指定した値（パラメータ）にしたがって、あらかじめ決められた処理を実行した結果を返す機能のことを言います。

「関数」と言うと、中学や高校の数学を思い出して、苦手意識を持つ方もいるかもしれませんが、「関数」を使いこなせると仕事が劇的に速くなります。

苦手意識を持っている方も、ぜひここで克服してください。

価格、数量、固定費…ビジネスでは「前提」がコロコロ変わる

まず、関数の便利さを実感していただくために、次の問題を考えてみましょう。

【問題】
以下の条件のときの「利益率」を計算してください。

1個あたり販売価格　１００円
販売数量　10万個
1個あたり変動費　30円
（＊変動費とは売上と比例して発生する費用。例：材料費や商品仕入代金など）
固定費　７００万円
（＊固定費とは売上に関係なく発生する費用。例：人件費、設備代、電気代など）

用語さえわかっていれば、後は計算するだけです。

【解説】
利益　＝　売上　－　費用（売上から経費を差し引いたもの）
利益率　＝　利益　÷　売上（売上の中で利益が占める割合）

です。したがって、次のようになります。

売上　＝　100円　×　10万個　＝　1000万円
変動費　＝　30円　×　10万個　＝　300万円
固定費　＝　700万円
利益　＝　売上　－　変動費　－　固定費
　　＝　1000万円　－　300万円　－　700万円　＝　0円
利益率　＝　0円　÷　1000万円　＝　0％

ちなみに、このように利益がゼロになるときの販売量や売上高を「損益分岐点」、または「損益分岐点売上高」といいます。損益分岐点を1個でも上回れば黒字、下回れば赤字です。これも、社会人としてぜひ理解しておいていただきたい用語です。

さて、与えられた条件で計算すると、利益がゼロになることがわかりました。学校の試験でしたら、これでめでたしめでたしとなるところですが、ビジネスの現場ではそうはいきません。

「販売価格を5％上げたらどうなる？」

「目標販売数量を12万個に設定したときの利益は?」

「材料の高騰で変動費が32円に増えたとき利益率は?」

「固定費があと100万円かかりそうだ」

といった複雑なシミュレーションが求められます。

しかし、このように前提条件を変更したリクエストがあるたびに、電卓をたたいて計算し直していたのでは大変です。

そこでエクセルが登場します。

前提条件と計算式を分けると、多様なシミュレーションが可能に

エクセルでは前提条件と計算式を分けることができるので、このようなシミュレーションに適しているのです。

単なる計算だけなら、電卓で行うことも可能ですが、ビジネスの世界では、前提となる数字が変わることが頻繁にあります。そのときに、**数字が変わってもすぐに新しい答えを出せるように、計算式を「関数化」する**のです。

先ほどの問題をエクセルを使って計算すると113ページのようになります。

ちなみに、エクセルでは「足す」は「＋」、「引く」は「－」のままですが、「かける」は「＊」、「割る」は「／」で表します。

エクセルの前提条件のことを「パラメータ」と呼びます。パラメータを変更するだけで、素早く計算結果を得ることができます。


ここでお伝えしたいのは、関数の活用によって、従来型の足し算の仕事を「劇的に変えることができる」ということです。

従来型の思考では「できません」とか「時間がありません」という仕事を、ＩＴを活用すれば一瞬で終わらせてしまうことができます。

これからの時代に重要なのは、今まで通りのやり方で「がんばる」ことではなく、失敗を恐れずにＩＴを活用した効率的な方法を考えたり調べたりすることです。

では次の項目から、具体的に、エクセルが用意している関数を使ってみましょう。

関数を使ってシミュレーションをしてみよう

「パラメータ」と呼ぶ

販売価格、販売数量、変動費、固定費を入力

	A	B	C	D
1		【前提条件】		
2	a	1個あたりの販売価格(円)	100	
3	b	販売数量(個)	100,000	
4	c	1個あたりの変動費(円)	30	
5	d	固定費(円)	7,000,000	
6				
7		【計算式】		
8	e	売上高(a*b)	10,000,000	=C2*C3
9	f	変動費(c*b)	3,000,000	=C4*C3
10	g	固定費(d)	7,000,000	=C5
11	h	利益(e-f-g)	0	=C8−C9−C10
12	i	利益率(h/e)	0.0%	=C11/C8

足すは ＋
引くは －
かけるは ＊
割るは ／

前提条件を変えるだけで、

	A	B	C	D
1		【前提条件】		
2	a	1個あたりの販売価格(円)	105	
3	b	販売数量(個)	120,000	
4	c	1個あたりの変動費(円)	32	
5	d	固定費(円)	8,000,000	
6				
7		【計算式】		
8	e	売上高(a*b)	12,600,000	=C2*C3
9	f	変動費(c*b)	3,840,000	=C4*C3
10	g	固定費(d)	8,000,000	=C5
11	h	利益(e-f-g)	760,000	=C8−C9−C10
12	i	利益率(h/e)	6.0%	=C11/C8

自動的に計算結果が出る!

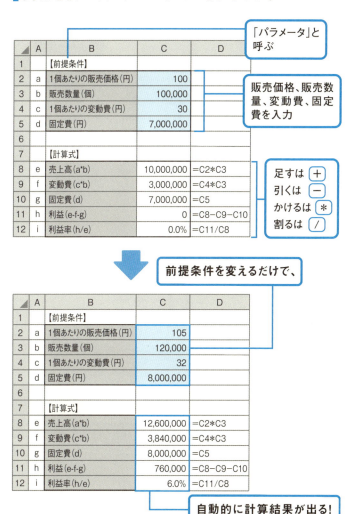

Basics of Excel

18

合計を出したいときは「SUM関数」

!

仕事でエクセルを使う人が
最初に出会う関数

すでに入力したデータを存分に活用する

ここからは実際に関数を使ってみます。まずは、105ページのテーブルから、売上データの売上金額を合計してみましょう。電卓を使ってはいけません（笑）。

しかし、「=74900+407300+……」とエクセルに入力したのでは、電卓とさほど変わらず、売上データをテーブルにしたメリットがありません。数字はすでに入力してあるので、これを活用したいところです。

すでに入力されているデータを活用するために、エクセルには「参照」という考え方があります。

148ページからくわしく解説しますが、**「参照」とは、数式からほかのセルの値を利用すること**を指します。「=（イコール）」の後に、「セル番地」を入力すれば、自動的にそのセルに入っている数値が引用される、という機能です。

たとえば、B5セルの74900とB6セルの407300を足すために、「=B5+B6」と入力すれば、自動的にそれぞれのセルに入っている数値を足してくれます。

このようにしておけば、数字を直接入力（ベタ打ち）する方法に比べて、数字の打ち間違いによるミスを防ぐことができます。

ただ、数字の打ち間違いはなくなりますが、何百行も「＝Ｂ５＋Ｂ６＋Ｂ７＋Ｂ８＋Ｂ９＋Ｂ10……」と足し算を入力するのは大変です。途中で参照が抜けていても、気づかないかもしれません。数万行になるともう手に負えません。少し大きな会社になれば、数万行のデータはざらにあります。

「パラメータ」とは「前提条件」のこと

これらの問題を解決するために作られたのが、「ＳＵＭ関数」です。ＳＵＭ関数はその名の通り、合計を求める関数です。仕事でエクセルを使う方が、最初に出会う関数と言えるでしょう。

関数は、次のようにすべて同じ構造をしています。

関数名（パラメータ，パラメータ，……，パラメータ）

「パラメータ」とは、関数の計算に使う「前提条件」のことです。**使いたい関数を選んで、パラメータを適切に設定すれば、正しい結果を返してくれます。**

パラメータが複数あるときは「，（カンマ）」で区切ります。SUM関数のパラメータは「数値」です。SUM関数はパラメータとして指定した数値を、すべて合計した結果を返してくれます。

たとえば、「=SUM（1,2,3）」と入力して、〔Enter〕キーで確定すれば、1＋2＋3＝「6」が表示されます。

ただし、関数を使っても、パラメータをベタ打ちしていたのではあまり効果がありません。パラメータを参照にして活用しましょう。SUM関数のパラメータにはセル範囲を指定することができます。

次のページのように、SUM関数を使って売上を合計してみましょう。

次に紹介する手順は、エクセルで関数を使うときのもっとも基本的な手順です。自然に手が動くようになるくらい練習してください。

④ Shift ＋矢印キーで合計したいセルをすべて選択

	A	B	C	D	E
1	売上合計→	=SUM(B5:B11			
2		SUM(数値1,[数値2],…)			
3					
4	売上日	売上金額	社員番号	社員名	支店
5	2017/9/1	74,900	1007	徳川家康	名古屋
6	2017/9/19	407,300	1005	織田信長	東京
7	2017/9/27	616,600	1003	源頼朝	福岡
8	2017/10/10	198,600	1002	聖徳太子	名古屋
9	2017/10/26	453,300	1001	卑弥呼	東京
10	2017/10/27	930,400	1009	野口英世	東京
11	2017/10/30	2,387,400	1007	徳川家康	名古屋

⑤カッコを閉じて Enter キーを押すと、合計が表示される

	A	B	C	D	E
1	売上合計→	5,068,500			
2					
3					
4	売上日	売上金額	社員番号	社員名	支店
5	2017/9/1	74,900	1007	徳川家康	名古屋
6	2017/9/19	407,300	1005	織田信長	東京
7	2017/9/27	616,600	1003	源頼朝	福岡
8	2017/10/10	198,600	1002	聖徳太子	名古屋
9	2017/10/26	453,300	1001	卑弥呼	東京
10	2017/10/27	930,400	1009	野口英世	東京
11	2017/10/30	2,387,400	1007	徳川家康	名古屋

SUM関数は関数の中でも使う頻度が高い。
基本中のキホンの関数なので、使いこなそう

SUM関数の使い方

①合計値を表示したいB2セルに「=sum」と入力。表示された関数リストは ↑ ↓ 矢印キーで選択できる

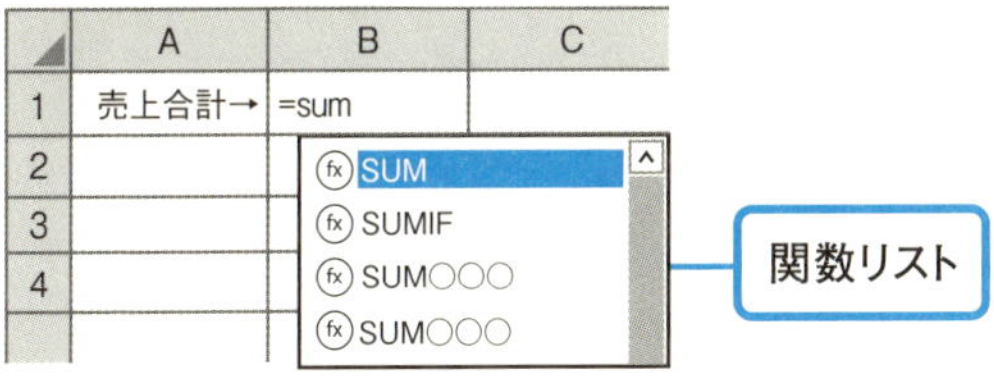

②選択した関数を Tab キーで確定すると、パラメータが入力可能な状態に。[数値2]のように[]で囲まれたパラメータは省略可能

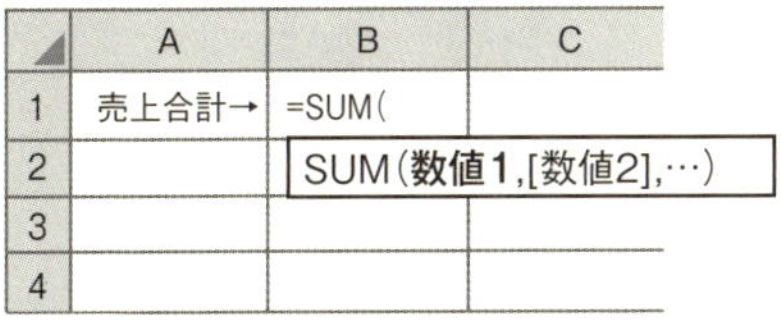

③矢印キーで足したい数値の入っているセルの先頭に移動する

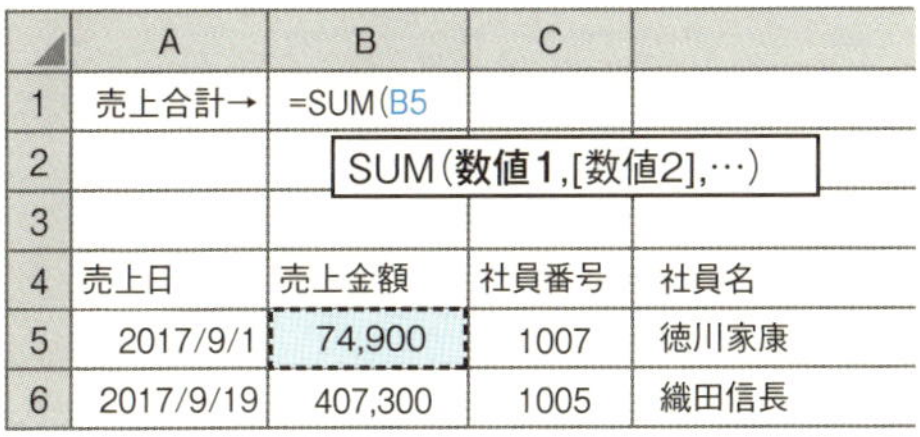

(p118に続く↗)

Basics of Excel

19

COUNT関数とCOUNTA関数の使い分け

!

SUM同様に使用頻度が高い関数。
ぜひマスターしよう!

COUNTは「数値」の件数、COUNTAは「数値と文字」の件数

SUM関数が使えるようになったら、「COUNT関数」も一緒に覚えてしまいましょう。

COUNT関数は、売上が記録された日が何日あったのか数えるときや、名簿に何人の情報が載っているのか数えるときなど、指定した範囲内の数値の数を数えるときに使える関数です。

この関数を使わないと、1件1件手で数えるなどアナログな方法に頼ることになってしまいます。時間もかかりますし、数え間違いが起こる可能性も高くなります。

COUNT関数は、SUM同様に使用頻度の高い関数ですので、ぜひマスターしてしまいましょう。

同じように、「件数」を数えてくれる関数に「COUNTA関数」がありますが、使い方はまったく同じです。

COUNT関数は、指定した範囲内の「数値のみ」を数えてくれるのに対して、C

OUNTA関数は「文字」の入ったセルも数えてくれます。

売上が計上された日のみを数えるときはCOUNT関数を使い、氏名や商品名を数えるときにはCOUNTA関数を使うなど、それぞれ使い分けることになります。

ただ、COUNT関数とCOUNTA関数の使い分けを意識するのは、中級者以降になると思います。最初のうちはCOUNTA関数が使えれば大丈夫です。

どちらの関数も、使い方はSUM関数とほとんど同じです。

合計件数を表示させたいセルに、関数名を記入したら、数えたい範囲を指定するだけです。

連続した範囲の指定をするときは、マウスを使わずに、ショートカットキーを使えるといいですね。連続範囲指定のショートカットキーは、〔Ctrl〕+〔Shift〕+矢印キーです。

この後に紹介する関数でも、実務では常に広い範囲を指定する必要が出てきますので、ショートカットキーを使うのをクセにしてください。何万行でも一瞬で選択することができます。

COUNT関数の使い方

①「=count(」と入力して、合計したい範囲を選択

	A	B	C	D	E
1	売上合計→	5,068,500			
2	売上件数→	=COUNT(B5:B11			
3					
4	売上日	売上金額	社員番号	社員名	支店
5	2017/9/1	74,900	1007	徳川家康	名古屋
6	2017/9/19	407,300	1005	織田信長	東京
7	2017/9/27	616,600	1003	源頼朝	福岡
8	2017/10/10	198,600	1002	聖徳太子	名古屋
9	2017/10/26	453,300	1001	卑弥呼	東京
10	2017/10/27	930,400	1009	野口英世	東京
11	2017/10/30	2,387,400	1007	徳川家康	名古屋

②カッコを閉じて Enter キーを押すと、合計件数が表示される

	A	B
1	売上合計→	5,068,500
2	売上件数→	7

COUNT関数とCOUNTA関数の使い方は
ほとんど同じ。まずはCOUNTA関数を使ってみて

Basics of Excel

20

「東京支店の契約件数」はCOUNTIF関数で求めよ!

!

パラメータは2つ。
「範囲」と「検索条件」

上司がほしいのは次の打ち手につながる数字

これまでのＳＵＭ関数やＣＯＵＮＴ関数は、数値を合計したり、数えたりする関数でした。

売上の件数を数えたり、合計したりするだけでも便利なのですが、全社の情報を眺めるだけではなく、さらなる**「分析」**まで進めたいところです。

経営者や上司がほしいのは次の打ち手につながる「数字」です。もっとも基本的なのが部門別や取引先別、商品別などに分類した売上でしょう。

その分析を行ってくれるのが、ここで紹介する「ＣＯＵＮＴＩＦ関数」です。

まずは売上データの中から、東京支店の契約件数を集計してみましょう。

みなさんが紙ベースで「東京支店の契約件数を数えてください」という仕事を与えられたら、支店の列で「東京」となっている数を数えると思います。１つひとつ印をつけながら数えていたら時間がかかり、抜け漏れもこわいです。データが何万行とあったら、何時間もかかるかもしれません。

この作業、COUNTIF関数なら一瞬でできます。

COUNTIF関数は、指定した範囲の中から条件に合致するセルの数を返してくれます。パラメータは次の通りです。

COUNTIF（範囲，検索条件）

COUNT関数のパラメータは「範囲」の1つのみでしたが、COUNTIF関数は、そこに「検索条件」も加わって、2つに増えます。

ただ、最初のパラメータである「範囲」は、COUNT関数で指定した範囲とまったく同じ意味なので、「検索条件」が加わるだけです。簡単に説明すると、**「この範囲の中から、〝○○〟と書いてあるセルを数える」**という意味になります。

「検索条件」は文字列で指定します。

今回探したいのは「東京」ですので、「検索条件」には「東京」を指定します。数式の中で「文字列」を指定するときは、「"」（ダブルクォーテーション）」で囲む、という基本的なルールがあるので覚えておいてください。

COUNTIF関数の使い方

①件数を表示させたいセルに「=countif (」と入力し、支店のデータ全体を選択

	A	B	C	D	E
1	売上合計→	5,068,500	支店→	東京	
2	売上件数→	7	件数→	=COUNTIF(E5:E11	
3				COUNTIF(範囲,検索条件)	
4	売上日	売上金額	社員番号	社員名	支店
5	2017/9/1	74,900	1007	徳川家康	名古屋
6	2017/9/19	407,300	1005	織田信長	東京
7	2017/9/27	616,600	1003	源頼朝	福岡
8	2017/10/10	198,600	1002	聖徳太子	名古屋
9	2017/10/26	453,300	1001	卑弥呼	東京
10	2017/10/27	930,400	1009	野口英世	東京
11	2017/10/30	2,387,400	1007	徳川家康	名古屋

「東京」のセルの数だけ数える

②「,(カンマ)」を打って、「""」の中に条件となる文字列を入れる

D	E	F	H
支店→	東京		
件数→	=COUNTIF(E5:E11,"東京"		
	COUNTIF(範囲,検索条件)		

③カッコを閉じて Enter キーを押すと、結果が表示される

D	E	F	H
支店→	東京		
件数→	3		

全体の中から、「東京」の数だけを合計してくれる

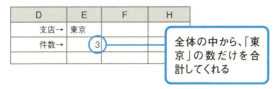

福岡、名古屋…いろいろな支店の契約件数を調べたいときは？

では、「福岡」支店を集計したいときはどうしたら良いでしょうか。

数式を編集して、「東京」を「福岡」に変更します。セルを編集するときは、〔F2〕キーを押して編集モードに変更します。編集モードにすると、数式内のカーソルを矢印キーで動かすことができます。「東京」を削除して「福岡」に変更します。

できることはできますが、面倒ですよね。福岡の次は名古屋、大阪……などと、さまざまな条件で集計したいとき、いちいち変更するのは骨が折れます。

そこで、「東京」を「福岡」に修正する代わりに、「検索条件」を「東京」と入力されているE1セルの参照に変えて、E1セルを「福岡」に変更します。〔F2〕キーで編集モードに変更すると、E1セルを矢印キーで選択しようとしても選択することができません。編集モード時にパラメータとしてE1セルを指定したいときは、「e1」と入力すれば、直接参照したい番地を指定することができます。

次のページの図を参考にしてみてください。

検索条件を変更したいとき

①F2キーで編集モードにし、「検索条件」を変えれば結果も変わるが、正直面倒…

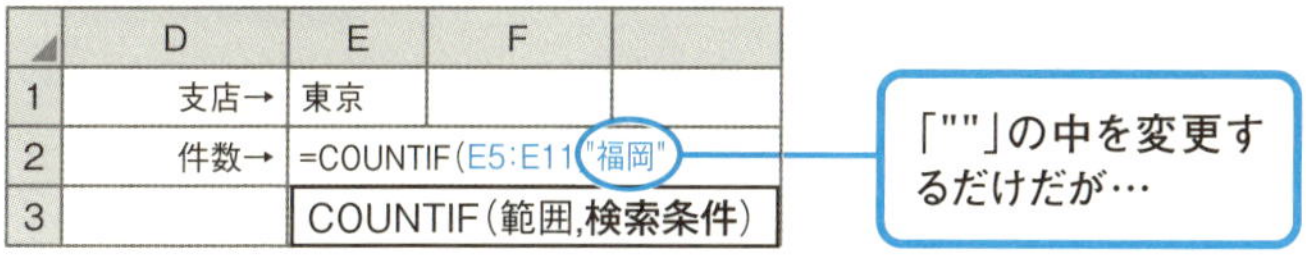

②「検索条件」をセルの参照に変更する

③カッコを閉じてEnterキーを押すと結果が表示される

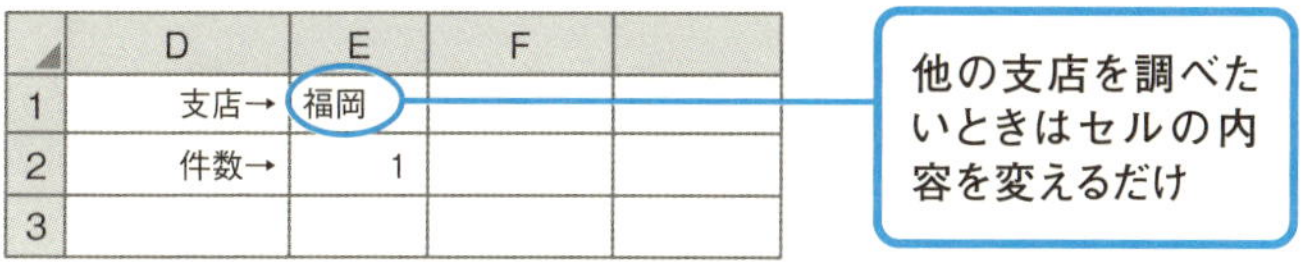

Basics of Excel

21

マーカーを使って電卓で計算…。その作業、エクセルなら一瞬です

!

「SUMIF関数」は、
条件ごとの数値を合計してくれる

支店別の売上を集計するときに使う「SUMIF関数」

「東京支店の売上を集計してください」と言われたらどのように対応しますか?

もしエクセルを使わず、アナログで作業するのだったら、支店の列で「東京」となっている行にマーカーで色をつけ、色のついた売上を電卓で合計したりしますね。

この計算を一瞬ですませてくれる関数が、「SUMIF関数」です。

SUMIF関数は、指定した範囲の中から条件に合致するセルを探し、対応する範囲の数字を合計してくれます。

先ほどのCOUNTIF関数が条件ごとの「件数」をカウントするもので、SUMIF関数は、条件ごとの数値を「合計」するもの、と覚えてください。

支店別の売上、営業マン別の売上、商品別の売上など、さまざまな分析に役立てることができます。

では、SUMIF関数のパラメータを確認しましょう。

SUMIF(範囲, 検索条件, 合計範囲)

COUNTIF関数のパラメータは「範囲」と「検索条件」の2つでしたが、SUMIF関数は、これに「合計範囲」を加えて3つに増えます。

「合計範囲」には、合計したい数字が入っている範囲を、「範囲」に対応するように指定します。

パラメータが3つに増えたことで、指定する範囲の順番が混乱しがちです。

SUMIF関数は、COUNTIF関数に「合計範囲」が追加されただけなので、最初のパラメータは「検索する条件が入った範囲」、最後のパラメータは「合計する数値が入った範囲」、としっかりと覚えておくようにしましょう。パラメータが頭に入っていると自然と応用ができるようになります。

ほとんどの集計を自力で解決できるようになる

SUMIF関数は、エクセルで集計するときには欠かせない関数です。

実務では、経理では科目別集計、営業では製品別売上集計、人事では社員別時間集計など、あらゆる部門で利用することができます。

COUNTIF関数とSUMIF関数

COUNTIF関数　**COUNTIF(範囲,検索条件)**

＝指定した範囲の中から条件に合致するセルの数を求める

(例) **東京支店の売上件数**

SUMIF関数　**SUMIF(範囲,検索条件,合計範囲)**

＝指定した範囲の中から条件に合致するセルを探し、対応する数字を合計する

(例) **東京支店の売上合計**

エクセルのレベルが上がってくると、さらに科目別月別集計、製品別日別集計、社員別月別集計など、日付と組み合わせて2次元のマトリックス表を完成できるようになります。

これができるようになると、実務で直面するほとんどの集計を自力で解決することができます。

まずは次のページを参考にして、SUMIF関数の基本的な手順を身につけてください。

④「売上金額」の入っているセルをすべて選択する

	A	B	C	D	E	F
1	売上合計→	5,068,500		支店→	東京	
2	売上件数→	7		件数→	3	
3				売上→	=SUMIF(E5:E11,E1,B5:B11	
4	売上日	売上金額	社員番号	SUMIF(範囲,検索条件,[合計範囲])		
5	2017/9/1	74,900	1007	徳川家康	名古屋	
6	2017/9/19	407,300	1005	織田信長	東京	
7	2017/9/27	616,600	1003	源頼朝	福岡	
8	2017/10/10	198,600	1002	聖徳太子	名古屋	
9	2017/10/26	453,300	1001	卑弥呼	東京	
10	2017/10/27	930,400	1009	野口英世	東京	
11	2017/10/30	2,387,400	1007	徳川家康	名古屋	

⑤カッコを閉じて、Enterキーを押すと結果が表示される

	D	E	F
1	支店→	東京	
2	件数→	3	
3	合計売上→	1,791,000	

SUMIF関数が使えるようになると、
どんな集計業務も自力で解決可能に

SUMIF関数の使い方

①合計値を出したいセルに、「=sumi」と入力し、Tabキーを押す

	D	E	F
1	支店→	東京	
2	件数→	3	
3	合計売上→	=sumi	

SUMIF
SUMIFS

②「支店」の入っているセルをすべて選択する

	A	B	C	D	E	F
1	売上合計→	5,068,500		支店→	東京	
2	売上件数→	7		件数→	3	
3				売上→	=SUMIF(E5:E11	
4	売上日	売上金額	社員番号			
5	2017/9/1	74,900	1007	徳川家康	名古屋	
6	2017/9/19	407,300	1005	織田信長	東京	
7	2017/9/27	616,600	1003	源頼朝	福岡	
8	2017/10/10	198,600	1002	聖徳太子	名古屋	
9	2017/10/26	453,300	1001	卑弥呼	東京	
10	2017/10/27	930,400	1009	野口英世	東京	
11	2017/10/30	2,387,400	1007	徳川家康	名古屋	

SUMIF(**範囲**,検索条件,[合計範囲])

③「検索条件」の入っているセルを選択

	D	E	F
1	支店→	東京	
2	件数→	3	
3	合計売上→	=SUMIF(E5:E11,E1	

SUMIF(範囲,**検索条件**,[合計範囲])

(p134に続く↗)

Basics of Excel

22

社員番号と名前が連動！別のシートの情報をリンクさせたいとき

!

コピペ作業が多いときは
関数を使って効率化できないか考える

「VLOOKUP関数」は初心者にとって最初の壁

仕事の現場で、社員番号や社員名、支店などを入力するときは、入力ミスを防ぐため名簿からコピペすることがあります。

しかし、ほかのシートやブックからのコピペ作業は、たとえショートカットキーを駆使したとしても時間がかかるし、ミスも発生します。

自分の仕事にコピペ作業が多いと感じたら、関数を使って効率化できないかを考えましょう。このようなときに「VLOOKUP関数」が役に立ちます。

VLOOKUP関数は、離れた場所や別のシートにあるデータを、集計しているシートとリンクさせるものです。社員番号などのほかに、商品コードなどで紐づけて、在庫管理や単価の管理を行うのに使います。

VLOOKUP関数はとてもよく使われる関数なので、仕事でエクセルを使っている方であれば、「知っている」「使ったことがある」という方は多いでしょう。

しかし、**きちんと理解しないで使っている方が多い**のが特徴です。VLOOKUP

VLOOKUP関数は複数のデータをリンクさせる

[名簿]

	A	B	C	D	E	F
1	社員番号	社員名	性別	支店	生年月日	メール
2	1001	卑弥呼	女	東京	1979/9/4	himiko@aaa.jp
3	1002	聖徳太子	男	名古屋	1944/1/9	shotokutaishi@aaa.jp
4	1003	源頼朝	男	福岡	1916/1/8	minamotonoyoritomo@aaa.jp

[売上データ]

4	売上日	売上金額	社員番号	社員名	支店
5	2017/9/27	616,600	1003	源頼朝	福岡

社員番号を入力するだけで、自動的に名簿データから社員名と支店が入力されるようになる

関数をきちんと理解しないで使うと、ミスの原因になりますので注意しましょう。**VLOOKUP関数は、単にエクセルを便利にするだけにとどまらず、IT教育に必須の、データベース（見出しで整理されたデータのこと）の考え方を身につけることができます。**

データベースはビジネスにおけるITの根幹といっても良い概念です。

上の図を見てください。

名簿をよく観察すると、売上データに「源頼朝」「福岡」を表示するために必要な情報は、社員番号「1003」だけであることに気づきます。

名簿の中に同じ社員番号は存在せず、どの行でも2列目に社員名、4列目に支店名が入力されているので、名簿の社員番号の中から「1003」の行を見つけることができれば、自動的に社員名、支店名も判明します。

社員番号のような、ほかと重なっていない情報を使ってテーブルの行を特定し、列を指定することで、ほしい情報を表示させる関数が、VLOOKUP関数です。

VLOOKUP関数はエクセル初学者にとって最初の壁になります。

逆にこの壁を超えることができれば、後はすんなりと頭に入ってくると思います。

検索値、範囲、列番号、検索方法…パラメータが4つに

VLOOKUP関数のパラメータは次のように4つあります。

VLOOKUP（検索値，範囲，列番号，検索方法）

ややこしく思われるかもしれませんが、1つずつ順番に覚えれば、難しいことはありません。142～143ページの図で、流れを解説しています。

確認してみてください。

【検索値】

「検索値」には探したい社員番号を指定します。

ＶＬＯＯＫＵＰ関数で指定する「検索値」は、社員番号のようにほかと重なっていない情報を選ばなくてはなりません。社内に同じ社員番号が２人存在したら、人事部は社員番号で２人を区別することができませんよね。これと同じです。

ほかと重なっていないということを「ユニーク」といいます。

プログラミングでよく使われる用語ですが、ビジネスの現場でも普通に使われていますので、ここで理解してください。

【範囲】

「範囲」は、ＳＵＭＩＦ関数と似ているようですが、ちょっと違います。ＶＬＯＯＫＵＰ関数の「範囲」は、参照したい情報が入っている表全体を指定します。

また、**範囲を指定するとき、「検索値」の入っている列を一番左端にしなければならない**、というルールがあります。ちなみに、１４２ページ④の「範囲」の中の「！」マークの前の文字は、シート名を表しています。

【列番号】

この「列番号」の意味をきちんと理解していない方が多いので気をつけてください。「列番号」は、2番目のパラメータで指定した「範囲」の何列目に、表示させたい情報があるかを数字で指定します。

今回のケースでは、表示させたい社員名は指定した「範囲」の2列目にあるので、数字の「2」を指定します。

【検索方法】

最初のうちは深く考えず、**「検索方法」は「FALSE（完全一致）」**と覚えましょう。「検索値」が「範囲」に存在しないときは「#N/A（該当なし）」となります。「TRUE（近似一致）」を選んだり、「検索方法」を省略したりすると、意図しないデータが表示されることがあります。実務でたまに見かけるミスです。

上級者を目指す方は「TRUE（近似一致）」の使い方も覚えなくてはいけませんが、使い方が難しいので、まずは「FALSE（完全一致）」をきちんとマスターしてください。

④「, (カンマ)」を打つと、「検索方法」が太文字になるので、矢印キーで「FALSE」を選んで、Tab キーで確定

	A	B	C	D	E
1	売上合計→	5,068,500			
2	売上件数→	7			
3					
4	売上日	売上金額	社員番号	社員名	支店
5	2017/9/1	74,900	1007	=VLOOKUP(C5,名簿!A2:F10,2,	

VLOOKUP(検索値,範囲,列番号,[**検索方法**])

(...) TRUE-近似一致
(...) FALSE-完全一致

⑤カッコを閉じて、Enter キーを押すと、社員名が表示される。社員番号を変更すれば、自動で社員名も変わるように。支店名も同じように表示できる

	A	B	C	D	E
1	売上合計→	5,068,500			
2	売上件数→	7			
3					
4	売上日	売上金額	社員番号	社員名	支店
5	2017/9/1	74,900	1007	徳川家康	

社員番号を変更すれば、自動で社員名が変わる!

1つずつ順番に覚えれば難しくない。何度も使って身につけよう

VLOOKUP関数の使い方

① 「=VLOOKUP(」と入力し、検索値のセルを選択。ここでは社員番号の入ったセルを選択

	A	B	C	D	E
1	売上合計→	5,068,500			
2	売上件数→	7			
3					
4	売上日	売上金額	社員番号	社員名	支店
5	2017/9/1	74,900	1007	=VLOOKUP(C5	

VLOOKUP(検索値,範囲,列番号,[検索方法])

② 「,(カンマ)」を入力し、参照したい情報の範囲全体を選択。ここでは「名簿」シートの表全体を選択

	A	B	C	D	E	F
1	社員番号	社員名	性別	支店	生年月日	メール
2	1001	卑弥呼	女	東京	1979/9/4	himiko@aaa.jp
3	1002	聖徳太子	男	名古屋	1944/1/9	shotokutaishi@aaa.jp
4	1003	源頼朝	男	福岡	1916/1/8	minamotonoyoritomo@aaa.jp
5	1004	足利尊氏	男	大阪	1962/3/3	ashikagatakauji@aaa.jp
6	1005	織田信長	男	東京	1957/5/3	odanobunaga@aaa.jp
7	1006	豊臣秀吉	男	大阪	1958/4/28	toyotomihideyoshi@aaa.jp
8	1007	徳川家康	男	名古屋	1925/3/25	tokugawaieyasu@aaa.jp
9	1008	二宮金次郎	男	東京	1938/12/26	ninomiyakinjiro@aaa.jp
10	1009	野口英世	男	東京	1920/11/24	noguchihideyo@aaa.jp

③ 「,(カンマ)」を入力し、「列番号」を手打ちする。ここで求めたい「社員名」は指定した範囲の2列目にあるので、「2」と入力

	A	B	C	D	E	F
1	社員番号	社員名	性別	支店	生年月日	メール
2	1001	卑弥呼	女	東京	1979/9/4	himiko@aaa.jp
3	1002	聖徳太子	男	名古屋	1944/1/9	shotokutaishi@aaa.jp
4	1003	源頼朝	男	福岡	1916/1/8	minamotonoyoritomo@a
5	1004	足利尊氏	男	大阪	1962/3/3	ashikagatakauji@aaa.j
6	1005	織田信長	男	東京	1957/5/3	odanobunaga@aaa.jp
7	1006	豊臣秀吉	男	大阪	1958/4/28	toyotomihideyoshi@aaa.jp
8	1007	徳川家康	男	名古屋	1925/3/25	tokugawaieyasu@aaa.jp
9	1008	二宮金次郎	男	東京	1938/12/26	ninomiyakinjiro@aaa.jp
10	1009	野口英世	男	東京	1920/11/24	noguchihideyo@aaa.jp

「社員名」は左から2列目なので「2」

(p142に続く↗)

Basics of Excel

23

「#N/A」が出るときは、だいたい指定範囲がずれている

!

そのままコピペすると、
エラーになることもしばしば

よくわからないから、と放置するのは危険!

離れた場所にあるデータを、「検索値」を利用して、リンクさせる機能を持つVLOOKUP関数。1つ数式を作ったら、ほかのデータはコピペすればOKです。何万行あっても、数式のコピペで完成させることができます。

しかし、このままコピペすると「#N/A」という文言が出ることがあります。**「該当ありません」**という意味のエラーです。

データは存在するはずなのに、なぜ「該当なし」というエラーになるのでしょうか。エラーが出たときは、必ず数式を確認して、パラメータを1つひとつ検討しましょう。よくわからないからといってここで見て見ぬふりをすると、後で大変なことになります。

147ページを見てください。社員番号「1001」も「1002」も存在するはずなのに、なぜかエラーが出ています。なぜでしょうか。

数式を見てみると、最初のパラメータの「検索値」は正しく「１００２」を指定しています。

次に、「範囲」のパラメータを見ると、「名簿!Ａ５：Ｆ13」となっています。これは、名簿シートのＡ５からＦ13の範囲、という意味です。

最初の数式では「Ａ２：Ｆ10」を「範囲」にしていたのに、いつの間にか「Ａ５：Ｆ13」にずれていたようです。名簿シートを確認すると、左のページの図下部のように、「１００１」から「１００３」の行が「Ａ５：Ｆ13」の範囲外になっていることがわかります。探していた「１００２」は「範囲」に含まれていないので、ＶＬＯＯＫＵＰ関数は「該当ありません」と答えていたのです。

最初の数式では「Ａ２：Ｆ10」を「範囲」にしていたのだから、コピペしても「範囲」が動かなければ、問題ありません。しかし、「検索値」はコピペによって参照が動いてくれなければ、手で１つひとつ修正することになり大変です。

これを解決するため、「範囲」を「$Ａ$２：$Ｆ$10」として固定する方法があります。これを「絶対参照」と言います。次の項目で説明します。

参照を理解すれば、実務で大いに活用することができます。

なぜ「#N/A」と出るの?

VLOOKUP関数を入れたセルをコピペするとエラーになってしまう…

	A	B	C	D	E	F
1	売上合計→	5,068,500		支店→	東京	
2	売上件数→	7		件数→	2	
3				売上→	1,337,700	
4	売上日	売上金額	社員番号	社員名	支店	
5	2017/9/1	74,900	1007	徳川家康	名古屋	
6	2017/9/19	407,300	1005	織田信長	東京	
7	2017/9/27	616,600	1003	源頼朝	福岡	
8	2017/10/10	198,600	1002	#N/A	#N/A	
9	2017/10/26	453,300	1001	#N/A	#N/A	
10	2017/10/27	930,400	1009	野口英世	東京	
11	2017/10/30	2,387,400	1007	徳川家康	名古屋	

エラーになっているセルのパラメータを確認すると…

	A	B	C	D
8	2017/10/10	198,600	1002	=VLOOKUP(C8,名簿!A5:F13,2,FALSE)

範囲の指定がずれてしまっていた!

	A	B	C	D	E	
1	社員番号	社員名	性別	支店	生年月日	メール
2	1001	卑弥呼	女	東京	1979/9/4	himiko@aaa.jp
3	1002	聖徳太子	男	名古屋	1944/1/9	shotokutaishi@aaa.jp
4	1003	源頼朝	男	福岡	1916/1/8	minamotonoyoritomo@aaa.jp
5	1004	足利尊氏	男	大阪	1962/3/3	ashikagatakauji@aaa.jp
6	1005	織田信長	男	東京	1957/5/3	odanobunaga@aaa.jp
7	1006	豊臣秀吉	男	大阪	1958/4/28	toyotomihideyoshi@aaa.jp
8	1007	徳川家康	男	名古屋	1925/3/25	tokugawaieyasu@aaa.jp
9	1008	二宮金次郎	男	東京	1938/12/26	ninomiyakinjiro@aaa.jp
10	1009	野口英世	男	東京	1920/11/24	noguchihideyo@aaa.jp
11						
12						
13						

指定したい範囲

Basics of Excel

24

参照を制する者が、スプレッドシートを制す！

！

絶対参照、相対参照は
あらゆる関数を組み合わせて使う

コピー元と連動して、列と行の位置が変化するのが「相対参照」

数式の中で、ほかのセルやセル範囲を指定することを「参照」と言います。

初級者から上級者まで、「参照」は必ず理解して活用したい機能です。

本書の中でも、これまで参照を取り扱ってきましたが、実はこれらは参照という機能のごく一部でしかありません。

ボクシングのジャブに終わりがないように、「参照」の追求も終わりがありません。「参照を制する者が、スプレッドシートを制す」と言えるでしょう。

参照には大きく分けて、**「絶対参照」**と**「相対参照」**の2種類があります。

本書でこれまで扱ってきた参照は、すべて「相対参照」です。改めて相対参照から説明していきます。

「相対参照」は、セルのコピペによって、変化する参照のことを言います。

簡単な例で確認しましょう。

151ページを見ながら読んでみてください。

Ｃ１セルからＤ２セルに「１、２、３、４」と入力されています。

Ａ１セルではＣ１セルを参照しているため、Ｃ１セルの「１」がＡ１セルに表示されます。アクティブセルで〔Ｆ２〕キーを押すと、その場で編集できるだけでなく、参照を色つきで確認することができます。

〔ＥＳＣ〕キーを押すと編集をキャンセルすることができます。


参照がどのように変化するかを確認するため、Ａ１セルをＢ２セルまでのほかのセルにコピペしてみます。

すると、「１」をコピペしたはずなのに、「１、２、３、４」に変化しました。

どうしてこうなったのでしょうか。

参照元であるＡ１セルから一番遠いＢ２セルの数式を確認しましょう。

「＝Ｃ１」という数式をコピペしたはずなのに、「＝Ｄ２」に書き換わっています。

Ｄ２セルの値は「４」であるため、Ｂ２セルも「４」が表示されています。なぜ「＝Ｃ１」から「＝Ｄ２」に書き換わったのでしょうか。

これはコピー元と貼りつけ先の位置関係が影響しています。Ｂ２セルは、コピー元

相対参照とは

①「=」の後に矢印キーでセルを選択すると、そのセルを参照することができる

	A	B	C	D
1	=C1		1	2
2			3	4

②A1セルをほかのセルにもコピペしてみると、「1」が入ったセルをコピーしたはずなのに、2、3、4と表示される

A1セルをコピペ

	A	B	C	D
1	1	2	1	2
2	3	4	3	4

③コピーすると、コピー元と連動して列と行それぞれの位置が変更される

	A	B	C	D
1	1	2	1	2
2	3	=D2	3	4

「=C1」をコピペしたはずなのに、「=D2」に書き換わっている

であるA1セルから1つ下にいって、そこからもう1つ右に貼りつけました。

するとA1セルではC1セルを参照していたのが、同じようにB2セルではC1セルから1つ下にいって、そこからもう1つ右にいったD2セルを参照するように変化していたのです。

このように、コピー元から貼りつけ先までの動きが、参照に反映するものを「相対参照」といいます。必ず実際に手を動かして確認してください。

同じセルをコピペしたいときは「絶対参照」

相対参照はとても便利なのですが、実務ではコピペしても参照を変化させたくないこともあります。このようなときは「絶対参照」を使います。

絶対参照で覚えることはたった1つ。変化させたくない参照の行や列に「$」をつけるだけです。実際に左のページの図を見ながらやってみてください。

まず、「=」を打った後、参照したいセルに矢印キーで移動します。選択した後、〔F4〕キーを1回押します。

すると、「$C$1」と表示が変わります。「$C$1」というのは、列を表す

絶対参照とは

①参照したいセルを選択した後、F4 キーを1回押す

	A	B	C	D
1	=$C$1		1	2
2			3	4

「$」マークが表示される

②A1セルをどこにコピーしても数値は変わらない

C1セルをコピペ

	A	B	C	D
1	1	1	1	2
2	1	1	3	4

③コピペしたどのセルを見ても、C1セルが参照されている

絶対参照でコピペされている

	A	B	C	D
1	1	1	1	2
2	1	=$C$1	3	4

「C」の前も、行を表す「1」の前にも「$」がついているので、どこにコピペしてもC1セルの参照を変えてほしくない、ということを意味しています。

〔Enter〕キーで確定し、実際にコピペしてみましょう。手順は先ほどと同じです。今度はすべてのセルが「1」になりました。B2セルに移動して数式を確認しましょう。「$」がついているため、「C」も「1」も変化せずに、C1セルを参照して「1」と表示されているのです。

エクセルが得意な人は必ず「複合参照」を使っている

これまでに説明した**相対参照と絶対参照のハイブリッド型の参照**も存在します。行または列だけを絶対参照にして、どこにコピペしても変化させない参照です。逆に、絶対参照にしていない行や列は、コピペによって変化するので、使い方次第でとても便利になります。

手順は簡単で、先ほどの〔F4〕キーを続けて押すだけです。2回押すと、「C$1」と表示されます。これは、列を表す「C」はコピペで列が変化したら変化してほしいけれど、行を表す「1」はどこにコピペしても1行目の参照を変えてほしくな

複合参照とは

①参照したいセルを選択した後、F4 キーを2回押す

	A	B	C	D
1	=C$1		1	2
2			3	4

「1行目だけ絶対参照」という意味

②コピペすると、「列」は変化するが「行」は変わらない

C1セルをコピペ

	A	B	C	D
1	1	2	1	2
2	1	2	3	4

「C1・D1」セルと同じように、1・2と表示される

③コピペしたセルを見ると、列は「C」→「D」と変化したが、行はそのまま

複合参照でコピペされている

	A	B	C	D
1	1	2	1	2
2	1	=D$1	3	4

い、ということを意味しています。

〔Ｅｎｔｅｒ〕キーで確定して、実際にコピペしてみましょう。１５５ページのように、今度は「１、２、１、２」に変化しました。Ｂ２セルに移動して数式を確認しましょう。

列を表す「Ｃ」の前には「＄」がついていないため、Ａ列からＢ列にコピペすると参照も「Ｃ」から「Ｄ」に変化します。

しかし、行を表す「１」の前には「＄」がついているため、どこにコピペしても「１」は「１」のままです。

結果として、Ｄ１セルを参照して「２」と表示されているのです。

このような参照を**「複合参照」**と呼ぶことがあります。

「複合参照」という呼び方は重要ではありませんが、この「複合参照」がエクセルを非常に便利におもしろくしています。

「複合参照」を実務の中で活用できるか否かが、エクセルを使った仕事の生産性を大

それぞれの参照を覚えよう

①相対参照
＝セルのコピペによって変化する参照のこと

②絶対参照
＝セルのコピペによって変化しない参照のこと

③複合参照
＝①と②のかけ合わせ

きく左右します。
　エクセルが得意な方が作ったエクセルシートは、必ずこの複合参照を使って、大きな表を少ない数式で完成させています。ぜひ仕事で使うエクセルシートをよく観察してみてください。
　複合参照を利用した表と利用しない表では、見た目は同じでも作成にかかる時間とエクセルシートの信頼性がけた違いです。
　絶対参照、相対参照は、あらゆる関数を組み合わせて使うエクセルのキホンです。必ずマスターしましょう！

第 5 章

ここまでくれば上級者！ワンランク上のエクセル術

Basics of Excel

Basics of Excel

25

ピボットテーブルは強力な集計ツール！

!

フィルターを使うよりも、断然手間が省ける

「支店別月別売上」もすぐに出せる!

ここでは、エクセルの機能の1つである「ピボットテーブル」について解説します。エクセルで集計・分析するときに必須の機能がピボットテーブルです。

ピボットテーブルはとても有名な機能なので、仕事でエクセルを使っている方であれば「聞いたことがある」という方がほとんど。しかし、「使ったことがない」という食わず嫌いの方が多いのが特徴です。エクセルの得意な中級者の中にも、ピボットテーブルを使ったことがないという方がいます。

一見難しそうですが、実際はとても簡単で、非常に強力な集計ツールです。仕事でエクセルを使っていて、ピボットテーブルを使わないのは非常にもったいないことです。ぜひ使えるようになりましょう。

ピボットテーブルは「テーブル」を集計する機能です。第4章でも出てきましたが、テーブルとは、1行目の見出しにしたがって、データが整理された表のことでした。

ピボットテーブルは、「支店別月別売上」や「支店別月別社員別売上」といった、

複数の項目をかけあわせた集計を行うのに優れています。

ピボットテーブルの主な手順はたったの3つ

左の図は、実際にピボットテーブルを使って集計したデータです。関数を使ったら困難な、「支店別月別売上」を一瞬で集計してくれます。

たとえば、第4章で作成した売上データを「支店別に売上を集計してください」と言われたら、もうＳＵＭＩＦ関数で集計できますね。

では、「支店別『月別』に売上を集計してください」と言われたらどうでしょう。

ピボットテーブルを使えない方は、フィルターを使って集計しようとします。「9月の東京支店の売上」を集計するために、売上日と支店にフィルターをかけ、抽出したデータの売上を合計して転記する、という作業を手作業で行ってしまいます。

しかし、数万行のデータをこの方法で集計していたのでは、時間はいくらあっても足りませんし、ミスも発生します。

このような集計は、ピボットテーブルを使えば一瞬で終わらせることができます。

ピボットテーブルを使って集計したデータ

	A	B	C	D
3	合計/売上金額	列ラベル ▼		
4		⊞9月	⊞10月	総計
5	行ラベル ▼			
6	東京	407300	1383700	1791000
7	福岡	616600		616600
8	名古屋	74900	2586000	2660900
9	総計	1098800	3969700	5068500

ピボットテーブルを使うと、複数の項目集計も一瞬でできる!

ピボットテーブルの手順は次の通り、いつも同じです。

① テーブルの範囲を選択
② ピボットテーブルを起動
③ 集計する項目をドラッグ&ドロップ

実際に第4章のテーブルを使って、「支店別月別売上」を作成してみましょう。次のページに具体的な方法を載せていますので、実際に操作しながら読んでみてください。

数万行のデータを集計するときも同じですので、基本をしっかり身につけましょう。

④シート右側にフィールドリストができるので、必要な見出しにチェックを入れる

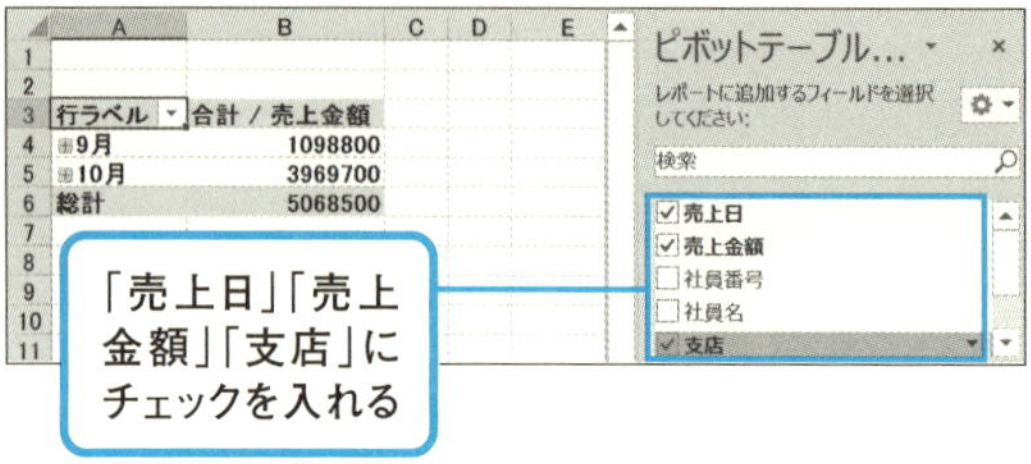

⑤ボックスに項目が追加されるので、ドラッグ&ドロップで形を整える

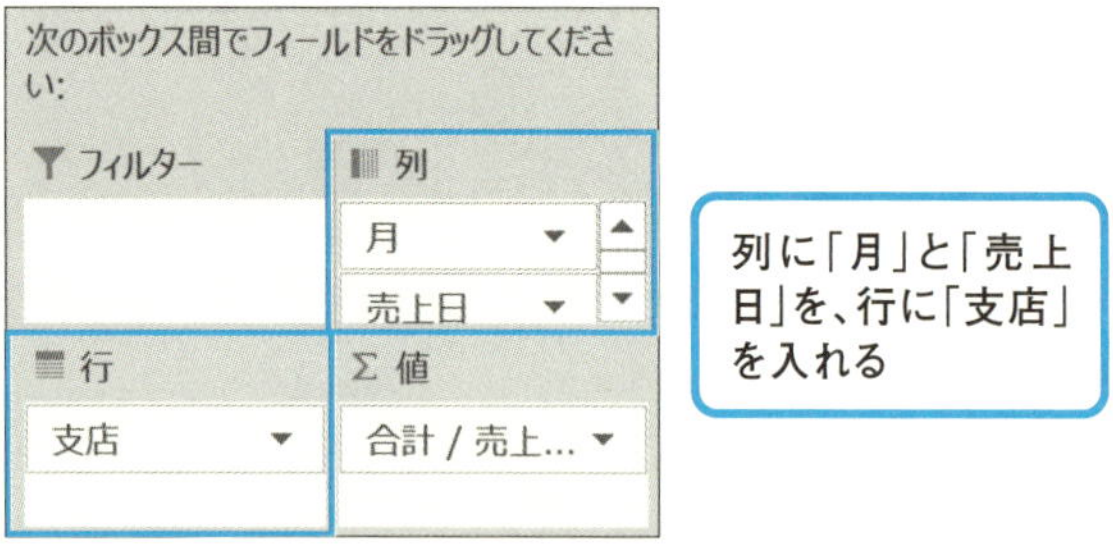

⑥これで支店別月別の売上が完成!

	A	B	C	D
3	合計/売上金額	列ラベル ▼		
4		⊞9月	⊞10月	総計
5	行ラベル ▼			
6	東京	407300	1383700	1791000
7	福岡	616600		616600
8	名古屋	74900	2586000	2660900
9	総計	1098800	3969700	5068500

ピボットテーブルの使い方(支店別月別売上の作成)

①集計するテーブル全体を範囲選択する

	A	B	C	D	E
1	売上合計→	5,068,500		支店→	東京
2	売上件数→	7		件数→	3
3				売上→	1,791,000
4	売上日	売上金額	社員番号	社員名	支店
5	2017/9/1	74,900	1007	徳川家康	名古屋
6	2017/9/19	407,300	1005	織田信長	東京
7	2017/9/27	616,600	1003	源頼朝	福岡
8	2017/10/10	198,600	1002	聖徳太子	名古屋
9	2017/10/26	453,300	1001	卑弥呼	東京
10	2017/10/27	930,400	1009	野口英世	東京
11	2017/10/30	2,387,400	1007	徳川家康	名古屋

見出し部分を先頭にして範囲指定する

②「挿入」タブの中から「ピボットテーブル」をクリックする

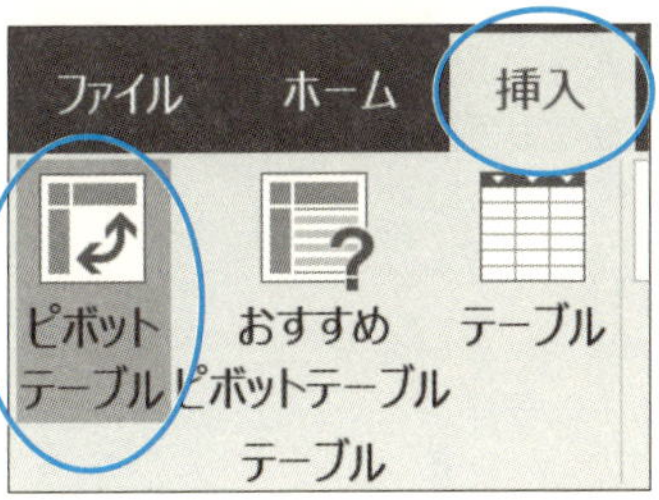

③作成ウィンドウが開いたら選択範囲を確認し、OKをクリック

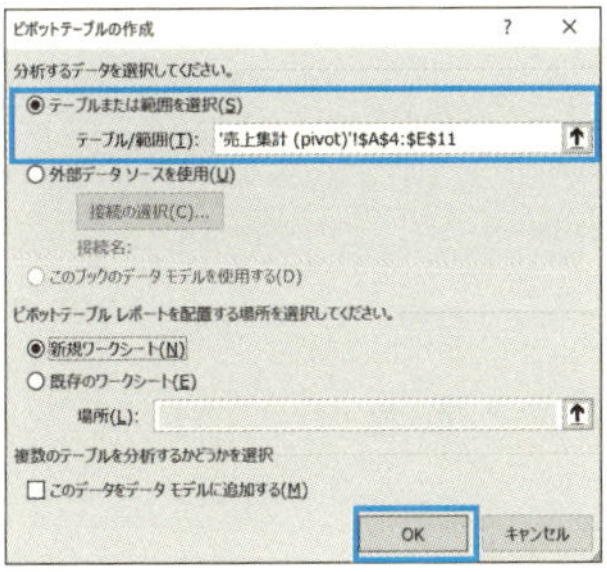

(p164に続く↗)

Basics of Excel

26

クリックして種類を選ぶだけ！一瞬でグラフが作れる

！

ピボットテーブルは関数よりも
テクニック不要！

「支店別社員別月別の売上」を出すには?

ピボットテーブルを使えば、社員別、支店別をかけあわせた集計表も簡単に作ることができます。

社員名にチェックを入れるだけで、支店別社員別月別の売上集計が完成します。

関数でこれを実現しようとすると、相当なテクニックが必要になりますが、ピボットテーブルを使えば一瞬で完成させることができます。

ピボットテーブルがすごいのは、これだけではありません。

集計した数字をダブルクリックすると、集計を構成する明細が別シートで表示されます。別シートなので、必要なくなればシートごと削除してかまいません。

私はこれを仕訳の集計に使うことがあります。クライアントから2年分の仕訳データを入手すると、集計に必要な情報を仕訳データに追加してピボットテーブルで集計し、「科目別月次推移前年同月比較表」を作成します。

科目別月別に前年同月と比較して、大きな増減があると金額をダブルクリックして、

ピボットテーブルで社員別の売上もすぐに出せる

	A	B	C	D
3	合計/売上金額	列ラベル ▼		
4		⊞9月	⊞10月	総計
5	行ラベル ▼			
6	⊟東京	407300	1383700	1791000
7	織田信長	407300		407300
8	卑弥呼		453300	453300
9	野口英世		930400	930400
10	⊟福岡	616600		616600
11	源頼朝	616600		616600
12	⊟名古屋	74900	2586000	2660900
13	聖徳太子		198600	198600
14	徳川家康	74900	2387400	2462300
15	総計	1098800	3969700	5068500

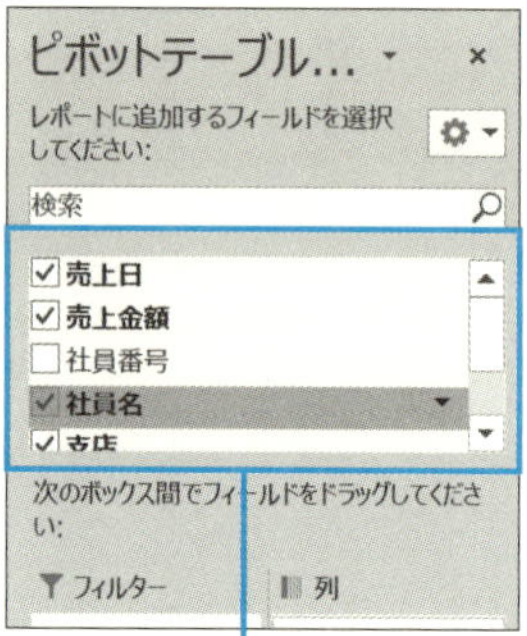

「社員名」にチェックを入れるだけ!

明細、すなわち仕訳を確認します。

取引先や摘要で増減内容を把握したらシートを削除します。

これだけ複雑な集計でも、必要な操作はほとんど変わりません。

集計に必要な情報が入ったテーブルを用意することができれば、データが数万行あってもピボットテーブルを使って一瞬で思い通りの集計ができます。

グラフ作成は簡単。集計が大事

ピボットテーブルを使うと、グラフも簡単に作成できます。

「ピボットグラフ」をクリックし、グラ

グラフ作成もカンタン!

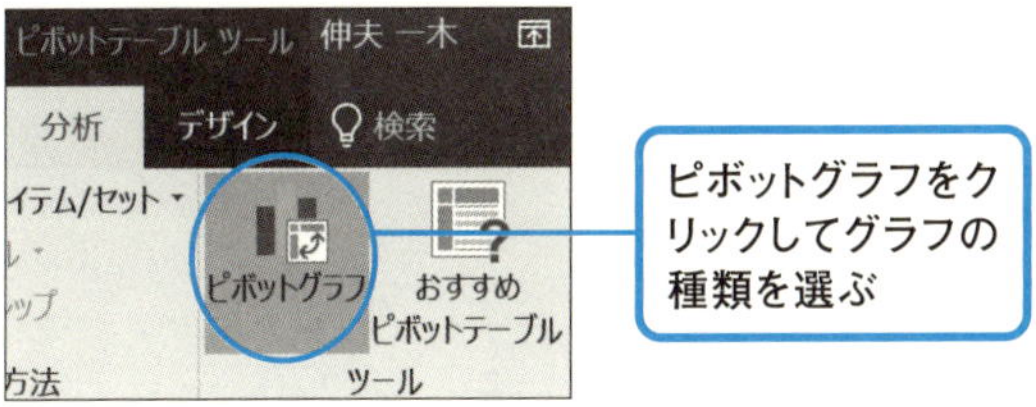

	A	B	C	D
3	合計/売上金額	列ラベル ▼		
4		⊞9月	⊞10月	総計
5	行ラベル ▼			
6	東京	407300	1383700	1791000
7	福岡	616600		616600
8	名古屋	74900	2586000	2660900
9	総計	1098800	3969700	5068500

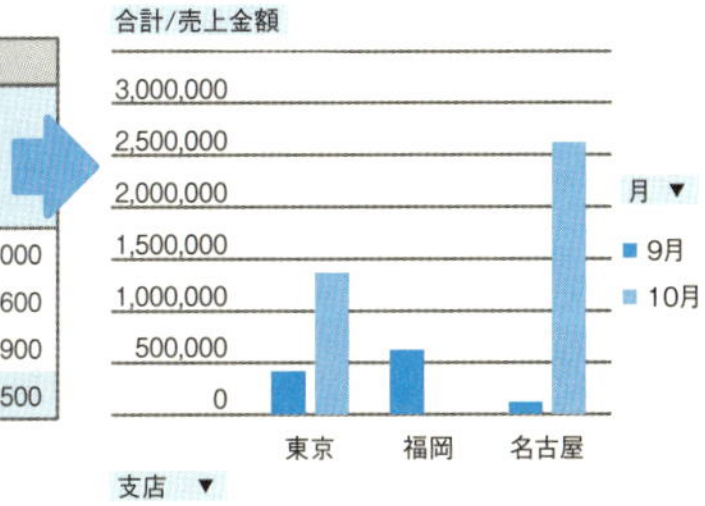

フの挿入ウィンドウから作成したいグラフを選ぶと、簡単にグラフを作成することができます。

ピボットテーブルで集計してしまえば、グラフはできたも同然なので、グラフを作る前に、集計をしっかり身につけましょう。

思い通りの見た目のグラフを作るためには学ばなければならないことがたくさんありますが、必要なスキルは人によって異なります。

いろいろ試しながら必要なスキルを身につけていってください。

Basics of Excel

27

文字を取り出したり、置き換えたり…文字列操作関数

!

LEFT関数、RIGHT関数、MID関数、
LEN関数…しっかり覚えよう!

ぜひ身につけてほしい6つの関数

エクセルには非常にたくさんの関数や機能があるので、便利な関数や機能を追求しだすときりがありません。私が元プログラマーの会計士として、現場のエクセルを見てきた経験から、仕事でエクセルを使うからには必ず身につけてほしいと考えている関数は以下の6種類です。

①　ＣＯＵＮＴＩＦ関数
②　ＳＵＭＩＦ関数
③　ＶＬＯＯＫＵＰ関数
④　文字列操作関数
⑤　日付関数
⑥　ＩＦ関数

ここからは、まだ説明していない、④文字列操作関数、⑤日付関数、⑥ＩＦ関数について解説していきます。使い方は簡単ですが、実務には欠かせないものばかりです。まずは、文字列操作関数について説明します。文字列操作関数は知っているか知らないか、活用できるかできないかで大きな差が出る可能性があります。

文字列操作関数というのは、文字を取り出したり、置き換えたりするなど、文字列を加工するための関数です。

商品コードと商品名を分けたいとき

代表的なのがLEFT関数とRIGHT関数です。

たとえば、左のページの図のように、商品コードと商品名が同じセル内にあるときなどに、商品コードと商品名に分けるために使います。商品別の集計をするのに、商品コードが別になっていたほうが集計しやすいからです。

今回の商品コードは3桁と決まっていますので、データの左から3文字を取り出すことができれば完成します。このようなときにLEFT関数を使います。パラメータは次の通りです。

LEFT（文字列，文字数）

LEFT関数・RIGHT関数の使い方

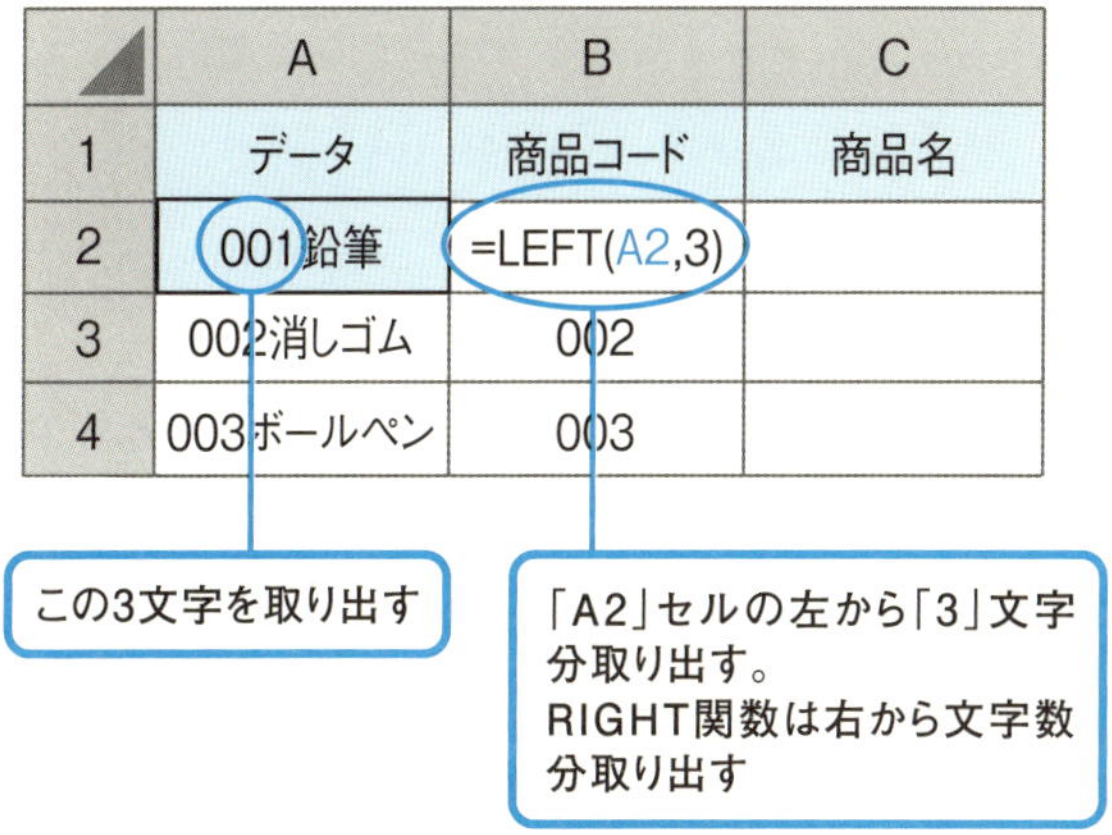

	A	B	C
1	データ	商品コード	商品名
2	001鉛筆	=LEFT(A2,3)	
3	002消しゴム	002	
4	003ボールペン	003	

「文字列」の左から「文字数」分だけ取り出す関数です。

RIGHT関数はその逆で、「文字列」の右から「文字数」分だけ取り出す関数です。パラメータは次の通り。

RIGHT（文字列，文字数）

商品名だけ取り出したいとき

今度は、同じ文字列から、商品名を取り出してみましょう。次のページの図をご覧ください。

「鉛筆」「消しゴム」のように商品名がバラバラだと、RIGHT関数で取り出すことができません。

MID関数の使い方

	A	B	C
1	データ	商品コード	商品名
2	001鉛筆	001	=MID(A2,4,9)
3	002消しゴム	002	消しゴム
4	003ボールペン	003	ボールペン

4文字目から9文字分取り出す

「A2」セルの「4」文字目から「9」文字分取り出すという意味。取り出したい文字数がバラバラなときは広めに設定しておく

このようなときはＭＩＤ関数を使います。文字列の途中から文字を取り出す関数です。パラメータは次の通りです。

ＭＩＤ（文字列，開始位置，文字数）

何文字目から取り出すのかを指定するため、「開始位置」を指定します。

このデータは商品コード3桁の次から商品名になっているので、「開始位置」には「4」を指定します。

商品名の「文字数」はバラバラなので一律に指定することができません。

だからといって、1行1行、目で見て数えるのは面倒です。

このように「開始位置」から最後まで

LEN関数の使い方

	A	B	C	D
1	データ	商品コード	商品名	データの長さ
2	001鉛筆	001	鉛筆	=LEN(A2)
3	002消しゴム	002	消しゴム	7
4	003ボールペン	003	ボールペン	8

5文字とカウントされるので商品コード3文字を引いた2文字が商品名の文字数

「A2」セルが何文字あるか調べる関数

取り出したいときは、「文字数」に十分に大きな数を指定するだけでかまいません。今回は「9」文字を指定します。

　商品名のみを取り出すことができます。

商品名の文字数を知りたいとき

　先ほどは商品名の文字数を数えずに適当な文字数を指定したのですが、商品名の文字数を知りたい場合は、LEN関数を使ってデータの長さを調べます。

LEN（文字列）

　データ全体の長さを調べてから、商品コードの文字数「3」を引くと商品名の文字数を求めることができます。

Basics of Excel

28

住所登録に便利！住所とビル名を分けたいとき

!

スペースが何文字目にあるかわかれば、
分けられる!

文字列の中のスペースの位置を探す「FIND関数」

前の項目で紹介した、LEFT、RIGHT、MID関数と一緒に使うことが多いのが、「FIND関数」です。

たとえば、住所とビル名がスペースで区切られているデータを、住所とビル名に分けたいことがあります。このようなときは、スペースが何文字目にあるかがわかれば、LEFT関数とMID関数で取り出すことができます。

文字列の中のスペースの位置を探すときに使うのが、FIND関数です。次のページの図も合わせてご覧ください。パラメータを確認しましょう。

FIND（検索文字列，対象）

「検索文字列」には今回はスペースを指定します。数式の中で文字列を指定するときは「""（ダブルクォーテーション）」で囲むことを思い出してください。

「対象」には「検索文字列」が含まれる文字列を指定します。

このFIND関数で求めたスペースの位置を使って、住所はLEFT関数で表示し

住所とビル名を違うセルに表示させるには…

①FIND関数でビル名の前にある空きスペースを検索する

	A	B	C	D
1	データ	スペースの位置	住所	ビル名
2	東京都千代田区×-× ○○ビル	=FIND(" ",A2)		

この半角スペースの位置を知りたい

A2セルの中で「" "」は何文字目か調べる、という意味。今回は" "の中に半角スペースを打つ

②位置がわかったらLEFT関数やMID関数で文字を取り出す

	A	B	C	D
1	データ	スペースの位置	住所	ビル名
2	東京都千代田区×-× ○○ビル	12	=LEFT(A2,B2-1)	○○ビル

ます。ビル名はMID関数を使います。これで住所とビル名を分けることができます。

「SUBSTITUTE関数」とは?

住所とビル名を分ける作業のように、スペースで区切りを探していると、半角スペースに全角スペースが混在して、FIND関数でスペースの位置を探せないことがあります。

このようなときは「SUBSTITUTE関数」で全角スペースを半角スペースに置換してから、FIND関数で半角スペースを探します。

組み合わせて使うので、少し難しくな

半角スペースと全角スペースが混在している場合

SUBSTITUTE関数で全角スペースを半角スペースに置き換える

	A	B	C	D
1	データ	スペースの位置	住所	ビル名
2	東京都千代田区×-×　○○ビル	=FIND(" ",SUBSUTITUTE(A2,"　"," "))		

全角を半角スペースに置き換えた上で、その位置を検索

A2セルの「"　"（全角スペース）」を「" "（半角スペース）」に置き換えるという意味

りますが、よくある質問ですのでご紹介します。パラメータは次の通りです。

SUBSTITUTE（文字列，検索文字列，置換文字列）

「検索文字列」には全角スペース、「置換文字列」には半角スペースを指定します。上の図をご覧ください。

これで全角スペースと半角スペースが混在していても、住所とビル名を分けることができました。

全角を半角に変換する「ASC関数」を使うこともあります。いろいろな文字列操作関数を試してみてください。

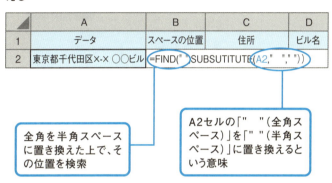

Basics of Excel

29

TEXT関数を使いこなせたら、上級者クラス

!

日付を曜日に、年月を文字列に変換。
月別集計などに利用できる

エクセルの日付の秘密「シリアル値」

ここからはエクセルにおける「日付」を説明していきます。

「日付を入力したはずなのに、なぜか数字になってしまった」という経験はありませんか?　実は**エクセルでは、日付を1900年1月1日からの累積日数で管理**しています。日付の正体は、日付から「表示形式」を取り払うと確認できます。

表示形式は、セルのデータを変更することなく、見た目だけを変えることのできる機能です。

日付が入力されているセルで書式設定ウィンドウを開き、表示形式を「標準」に変更してみてください。「サンプル」に表示されている数字が日付の正体です。

たとえば、2016年2月28日であれば、「42428」と表示されます。

これは、2016年2月28日は、1900年1月1日から42428日経過した日ですよ、ということを意味しています。

この「42428」という数字に表示形式をつけて、日付っぽく見せているのが、

日付を管理する「シリアル値」とは?

日付が入ったセルを書式設定で「表示形式」を「標準」に変えると、シリアル値=1900年1月1日からの累積日数が出る

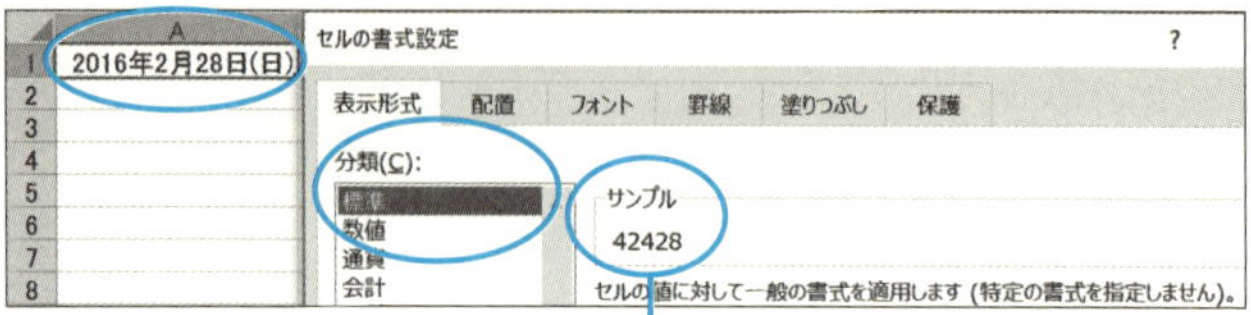

2016年2月28日=1990年1月1日
から42428日経った日という意味

エクセルにおける日付の秘密です。この数字のことを**「シリアル値」**と言います。

ではなぜ、エクセルは日付をシリアル値で管理しているのでしょうか。

それは日付を使った計算がラクにできるからです。

エクセルはシリアル値で日付を管理しているので、2016年2月28日に1を足すだけで、うるう年かどうかを考えることなく、簡単に2016年2月29日を求めることができるのです。

今後日本の元号が変わっても、シリアル値は変わらないので、安心してエクセルを使うことができます。

日付の秘密を理解した上で、シリアル

日付の表示の変更方法

「セルの書式設定」の「表示形式」を編集する

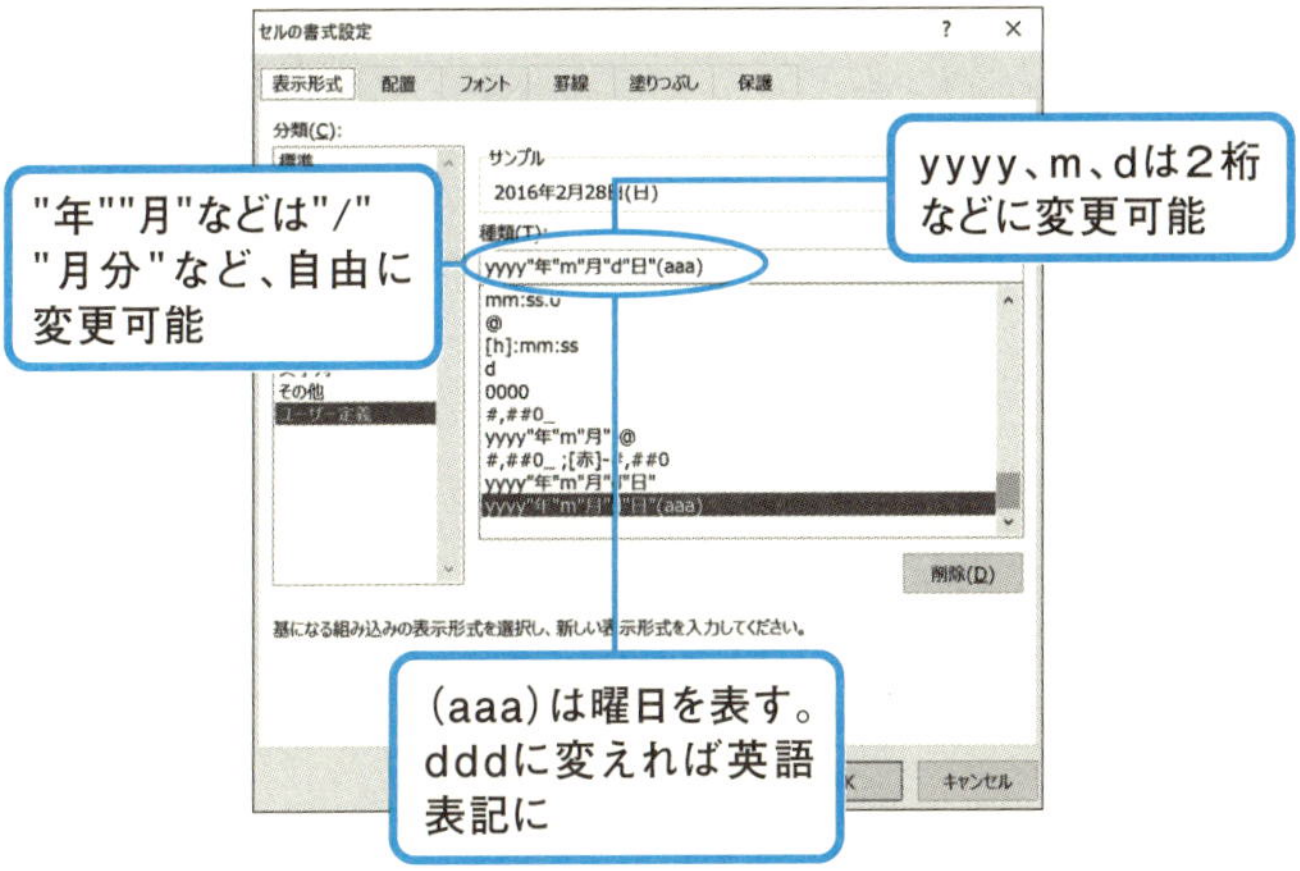

値にどのような表示形式を設定しているのか確認しましょう。

表示形式を関数で設定

表示形式は日付が入力されているセルで、書式設定ウィンドウを開いて、「表示形式タブ」→「分類」→「ユーザー定義」をクリックすると、「種類」のボックスで確認できます。

「42428」というシリアル値を「2016年2月28日（日）」と表示するために「yyyy年〝m〟〝月〟〝d〟〝日〟（aaa）」という表示形式を設定しています。この表示形式は編集することができます。

まず最初の「ｙｙｙｙ」ですが、これは4桁の西暦を表す表示形式です。「ｙｙ」にすると16年、17年といった2桁の西暦表示になります。

「ｍ」や「ｄ」も同じように、それぞれ月1桁を表します。「ｍｍ」や「ｄｄ」にすれば02月、09日といった2桁に変わります。表示したくない表示形式は削除することもできます。

「〝年〟」は単なる文字列です。たとえば「〝／〟」に変更すると見た目だけ変わります。「〝月〟」も同様です。文字でなくてもかまいません。

「ａａａ」は日本語の曜日1文字を表す表示形式です。「ｄｄｄ」にすると英語表示になります。ちなみに、「ａａａａ」と4文字にすると、「○曜日」と表示されます。

日付から曜日を割り出せる

表示形式を関数で設定できるのが、「ＴＥＸＴ関数」です。

実務の中でＴＥＸＴ関数を使いこなすことができれば、もう中級者卒業といっていいでしょう。

ＴＥＸＴ関数は、日付を曜日に変換したり、年月を文字列に変換したりして、月別集計などに利用することができます。次のページの図を見てください。

たとえば、２０１７年9月1日とだけ記入されているデータでも、曜日を割り出すことができます。売上表などで、曜日が記載されていない場合などに便利です。

まずパラメータを確認しましょう。

TEXT（値，表示形式）

ＴＥＸＴ関数の説明文でよくあるのは、「数値に指定した書式を設定し、文字列に変換した結果を返します」というもの。なんのこっちゃって感じですね。ＴＥＸＴ関数を理解するためには、まず書式、表示形式を理解しなくてはなりません。

たとえば、「9月1日」と表示されているものを、「短い日付形式」に変更すると「２０１７／９／１」のように変換されます。このように表示形式が多く使われているのが日付です。たとえば、

=TEXT（A5，"aaa"）

というのは、Ａ５セルに入っている数字に、「ａａａ」という曜日の表示形式をつ

曜日の求め方

①「=TEXT(」と入力し、曜日を知りたいセルを選択したら「,(カンマ)」を打ち、"aaa"と打ち込む

	A	B	C	D	E	F
4	売上日	売上金額	社員番号	社員名	支店	曜日
5	2017/9/1	74,900	1007	徳川家康	名古屋	=TEXT(A5,"aaa")
6	2017/9/19	407,300	1005	織田信長	東京	火

A5セルの"aaa"(曜日)を表示させる関数

②カッコを閉じて Enter キーを押すと、曜日が表示される

	A	B	C	D	E	F
4	売上日	売上金額	社員番号	社員名	支店	曜日
5	2017/9/1	74,900	1007	徳川家康	名古屋	金
6	2017/9/19	407,300	1005	織田信長	東京	火

けて表示してください、という意味になります。

このように集計に必要な日付関連の情報を、テーブルに追加するときにTEXT関数を使うと効果的です。表示形式は日付にかぎらず、たくさんあります。

試行錯誤しながら実務に必要な表示形式を身につけてください。

曜日ごとの売上を集計できる

TEXT関数と160ページで説明したピボットテーブルを組み合わせて、データ分析を深めることもできます。

たとえば飲食業であれば、「曜日ごと

ピボットテーブルと組み合わせてより分析を深める

①元データで、TEXT関数を使って曜日を出しておく

	A	B	C	D	E	F
4	売上日	売上金額	社員番号	社員名	支店	曜日
5	2017/9/1	74,900	1007	徳川家康	名古屋	=TEXT(A5"aaa")
6	2017/9/19	407,300	1005	織田信長	東京	火
7	2017/9/27	616,600	1003	源頼朝	福岡	水
8	2017/10/10	198,600	1002	聖徳太子	名古屋	火
9	2017/10/26	453,300	1001	卑弥呼	東京	木
10	2017/10/27	930,400	1009	野口英世	東京	金
11	2017/10/30	2,387,400	1007	徳川家康	名古屋	月

1つ打ち込んだら後はコピペ

②一瞬で曜日別の集計が表示される

	A	B	C	D	E	F	G
3	合計/売上金額	列ラベル ▼					
4	行ラベル ▼	月	火	水	木	金	総計
5	⊟東京		407,300		453,300	930,400	1,791,000
6	9月		407,300				407,300
7	10月				453,300	930,400	1,383,700
8	⊟福岡			616,600			616,600
9	9月			616,600			616,600
10	⊟名古屋	2,387,400	198,600			74,900	2,660,900
11	9月					74,900	74,900
12	10月	2,387,400	198,600				2,586,000
13	総計	2,387,400	605,900	616,600	453,300	1,005,300	5,068,500

の売上を集計して、販促や仕入れに役立てたい」ということがあると思います。その際、既存のデータには曜日の情報がない場合があります。

その際、日付からTEXT関数で曜日を求めて、ピボットテーブルで「曜日」の欄にチェックを入れます。

すると、「支店別月別曜日別」のような複数の項目をかけあわせた売上集計が完成します。

上の図を参考に、ぜひ実際に使ってみてください。

Basics of Excel

30

日付を自由に操れたら、集計は思いのまま

!

シリアル値を使うと、
日付の計算や集計がラク

うるう年でも簡単に末日を求めることができる

日付関数の1つであるDATE関数は年、月、日からシリアル値を作成する関数です。

エクセルの中で日付を扱う際は、シリアル値に変換してから使いましょう。前述の通り、シリアル値を使うと日付を計算したり、集計したりするのがラクになります。見た目を変えたいときはTEXT関数と組み合わせます。

パラメータは次の通りです。

DATE(年,月,日)

パラメータの「月」「日」はゼロやマイナスを指定してもかまいません。

たとえば、DATE(2018,1-12,1)なんていう指定の仕方もできます。ちなみにこれは「2017年1月1日」となります。「2018年1月1日」の12カ月前という意味です。「月」のところで1マイナス12を指定しているのです。

月の末日を求める方法

「=DATE(」の後に、YEAR関数、MONTH関数をつなげる。うるう年でも確実に末日を求めることができる

	A	B	C	D	E	F
4	売上日	売上金額	社員番号	社員名	支店	末日
5	2017/9/1	74,900	1007	徳川家康	名古屋	=DATE(YEAR(A5),MONTH(A5)+1,1)-1
6	2017/9/19	407,300	1005	織田信長	東京	2017/9/30
7	2017/9/27	616,600	1003	源頼朝	福岡	2017/9/30

A5セルの西暦(2017年)、A5セルの月(9月)+1(=10月)の1日から1日引いた日付を求める式。
10月1日の前日=9月30日となる

DATE関数と一緒に次の関数もセットで覚えてください。

YEAR関数：シリアル値を年に変換
MONTH関数：シリアル値を月に変換
DAY関数：シリアル値を日に変換

これらの関数は、上の図のように組み合わせて使用することが多いです。

たとえば、セルに入力された日付の末日を求めるときに使います。

翌月の1日の前日、と指定すると末日を求めることができます。

シリアル値を使えば、カレンダーを調べる必要なし

シリアル値を使わずに、2016年2月末日を計算で求めるのはとても大変です。2月という判断に加えて、うるう年の判断もしなくてはいけなくなるからです。

シリアル値を使うことで、いちいちカレンダーをさかのぼって調べることなく、「2016年2月29日」を求めることができるのです。

会計と日付は切っても切り離せません。

数字だけでなく、日付を自在に操れるようになれば、エクセルを使って思い通りに集計できるようになります。

きちんと考え方を身につけましょう。

Basics of Excel

31

「もし売上が100万円に満たないなら×を表示」

!

IF関数はなるべくシンプルに。
シートの構成を練ってから使う

IF関数は使い方にセンスが現れる

「IF関数」は、条件によって処理を変えることのできる関数です。

IFは英語で「もしも」という意味。**「もし、ある指定した条件に合致する（しない）のであれば、~のような処理をする」**というときに使用します。

たとえば、「売上が100万円に満たないのなら、『×』を表示する」などの設定が可能です。

プログラミングの世界では、IF関数のことを**「分岐」**と呼び、非常に重要な要素とされています。すべてのプログラムは突きつめると、「処理」「分岐」「繰り返し（ループ）」の3つに分解することができます。

IF関数は使い方にセンスが現れるところで、エクセルでもその傾向があります。

IF関数を覚えたばかりの中級者がやたらとIF関数を使って、わかりづらいシートにしてしまうことがよくあります。的を射ない質問の多い後輩に似ています（笑）。

IF関数はシンプルに使えるよう、シートの構成を練ってから使ってください。

ランク判定をする方法

「=IF(」の後に、判定をしたいセルを選択し、判定基準との大小を入力。その後、大小それぞれ場合の文字を順に入力

	A	B	C	D	E	F
3						500,000
4	売上日	売上金額	社員番号	社員名	支店	ランク
5	2017/9/1	74,900	1007	徳川家康	名古屋	=IF(B5>$F$3,"A","B")
6	2017/9/19	407,300	1005	織田信長	東京	B
7	2017/9/27	616,600	1003	源頼朝	福岡	A

B5セルの数値がF3セルより大きい場合は「A」、小さい場合は「B」を表示する、という意味

ランク付けもできる

ＩＦ関数の使い方自体は簡単です。パラメータを確認しましょう。

ＩＦ（論理式，論理式が正しい場合の処理，論理式が誤りの場合の処理）

これだけ見ると、難しそうですが、内容はシンプルです。

たとえば、50万円超の売上はAランク、それ以下はBランクに分ける、というときに使います。

上の図をご確認ください。

ＩＦ関数を使う場面は多岐にわたりま

セル同士の一致や不一致をチェックする方法

「=IF(」の後にチェック方法を入力し、「,(カンマ)」で区切った後、それぞれ正しい場合と異なる場合の文字を入力

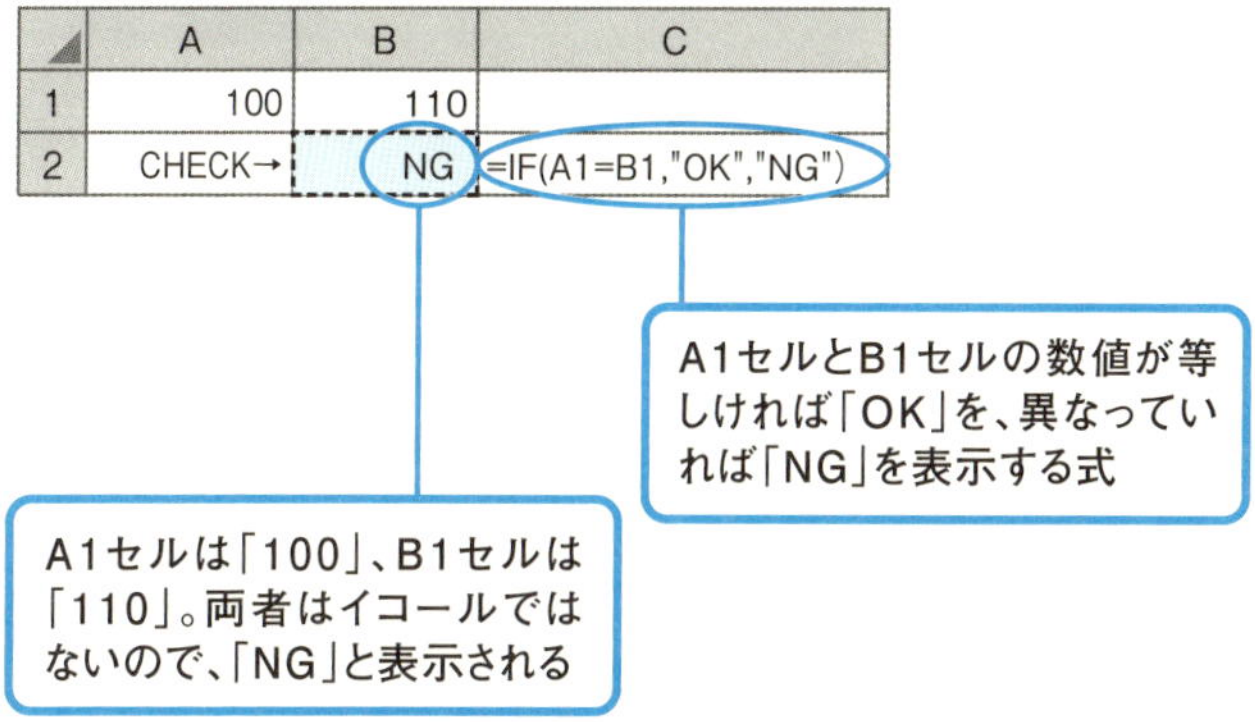
A
B
C
1
100
110
2
CHECK→
NG
=IF(A1=B1,"OK","NG")
A1セルとB1セルの数値が等しければ「OK」を、異なっていれば「NG」を表示する式
A1セルは「100」、B1セルは「110」。両者はイコールではないので、「NG」と表示される

すが、典型的なのが整合性チェックです。

上の図のように、A1セルとB1セルが一致していることを確認するときに、IF関数を使ってチェックすることが有効な場合があります。

離れた場所にある数字の一致を、一目で確認することができます。

エクセル、会計、業務の三者の理解が進むほど、有効なチェックをかけることができ、ミスの少ない仕事ができるようになります。

会計の世界では「検証可能性」が重要です。エクセルで集計するときも「検証可能性」を意識してください。

Basics of Excel

32

エラーが出たときの対処法

!

該当なし、参照先がない、
名前が間違っている…
典型的なエラーを覚えよう!

出てもいいエラー、出てはいけないエラー

エクセルを使っているとエラーが出ることがあります。

なぜエラーが出るのかを把握していると対処しやすいので、典型的なエラーを解説します。

エラー表示を回避するために「IFERROOR関数」を使うことがあります。

これはエラーが出てしまった場合に、決まった数値や文字に置き換える関数です。

もちろん報告用のエクセルにエラーが表示されていてはおかしいので、エラーの表示を隠すことも必要なのですが、エラーには出てもいいエラーと出てはいけないエラーがあります。

第4章のVLOOKUP関数で出たような参照や数式に誤りがあるときのエラーが出てはいけないエラーの典型例です。

なんでもかんでもエラーを隠すと、出てはいけないエラーにも気づかないことがあるので気をつけてください（次のページのカッコ内のエラーの読み方は、私の呼び方です）。

【#N/A】（エヌエー）

「該当ありません」という意味です。主にVLOOKUP関数などで、「範囲」の中に「検索値」が存在しないときに出ます（144〜147ページ参照）。たまに「検索値」が存在するように見えるのに「#N/A」が表示されることがあります。このようなときは、文字列と数字の違いを確認してください。

「範囲」の中の社員番号は数字なのに、「検査値」には文字列を指定していることがよくあります。見た目は同じでも、エクセルは別のものとして扱うので注意してください。

【#REF!】（リファレンスエラー）

「参照先がありません」という意味です。主に参照先のセルを削除してしまったときに出ます。後から気づくと復旧が大変なことがあるので、セルの削除には十分気をつけてください。

VLOOKUP関数では「範囲」外の列番号を指定したときにも出ます。指定した「範囲」が4列しかないのに、「列番号」に「5」を指定するとこのエラーになります。

【#DIV/0】（ディブゼロ）

「ゼロで割り算してますよ」という意味です。

数字をゼロで割るのは数学上の禁忌ですが、実務のエクセルではよく出るエラーです。見た目は良くないですが、大勢に影響ないケースがほとんどです。

【#NAME?】（ネームエラー）

「名前が間違ってますよ」という意味です。

主に数式の中で文字列を指定したつもりが、「"（ダブルクォーテーションマーク）」をつけ忘れているときに出ます。関数名を間違えたり、古いバージョンのエクセルで、対応していない関数を使おうとしたときも出ます。

【#VALUE!】（バリューエラー）

「指定してはいけないデータを指定していますよ」という意味です。主に文字列を計算に使ったときに表示されます。

Basics of Excel

33

リアルタイムで更新できる「グーグルスプレッドシート」とは？

!

エクセルと使い方はほぼ同じ。
ダウンロードすれば、すぐに無料で使える！

エクセルのないパソコンでも使える

さて、最後にとても使えるツール、「グーグルスプレッドシート」をご紹介します。

最近は、会社ではウィンドウズを使っていて、プライベートではマックユーザーという方も多いようですね。

マックの場合、パソコン本体にエクセルが搭載されていないから、社外ではエクセルは使えない……という声もよく聞かれます。

エクセルを自宅でも勉強したいけど、会社のパソコンはセキュリティ上持ち出せないし、自分でパソコンを購入しようと思っても、エクセルがインストールされているパソコンは高額でもったいないと感じた経験のある方は少なくないと思います。

そんな方にお勧めしたいのが「グーグルスプレッドシート」です。

エクセルのようなマス目に区切られたインターフェースを持つソフトウエアを「スプレッドシート」と言います。「グーグルスプレッドシート」は、グーグルが作ったエクセルのようなソフトウエアです。

使い方はエクセルとほぼ同じ。エクセルを使えるようになっていたら、グーグルスプレッドシートも難なく使えます。

「エクセルのような」と言うと、エクセルより劣ったイメージを持つかもしれませんが、まったく違います。むしろ日に日にレベルアップしており、将来的には完全にエクセルを凌駕するソフトウエアになる、と私は考えています。

エクセルの場合、基本的にローカルで管理します。つまり、担当者パソコンでファイルを管理している場合、どれが最新かわからなかったり、集計作業をしている担当しか更新すべきシートがわからなかったりするため、報告に時間がかかってしまうこともあります。

一方、**グーグルスプレッドの場合、世界中のスプレッドシートがクラウド上にあるため、すべての修正はリアルタイムで反映されるので、最新版のみを安全に共有できます。**共同編集も難なくできます。修正と同時に集計されるので、瞬時に報告形式で閲覧可能になります。

無料、誤送信の心配なし。誰でもすぐに利用できる!

しかも驚くべきことに無料でも使えます。今からエクセルを勉強したいと思っている方は、グーグルスプレッドシートも勉強することをお勧めします。グーグルスプレッドシートで学んだことは、そのままエクセルにも生かすことができます。

私のクライアントでも、エクセルからグーグルスプレッドシートへの移行を始めている100人規模の会社が数社あります。

一方で大企業になればなるほど、エクセルで作った資産が大量にあるためにグーグルスプレッドシートへの移行に踏み切るのは困難になります。明らかに優れた仕組みが目の前にあるのに、活用できないのはとてももったいないことだと思います。

私のようなエクセルへビーユーザーでさえ使い慣れるともう手放せません。

グーグルスプレッドシートの特徴は次の通りです。

・無料でも使える
・インターネットとブラウザさえあれば、インストール不要ですぐに使える
・エクセルでできることは、ほとんどすべてできる
・ほかのグーグルアプリ（ワードやパワポのようなものなど）ともシームレスに連携
・完全なクラウドなのでリアルタイムで情報を共有でき、共同編集も可能。メールによる添付ファイルのやり取りがなくなる
・すべての変更履歴が自動で記録され、どの時点にも簡単に戻すことができる
・権限管理により安全に共有するため、メールの誤送信の心配なし
・エクセルにはない大量データの集計に適した関数があり、シンプルな数式でコピペをせずに集計できるため、メンテナンスが容易で属人化しにくい

グーグルのアカウントがあればすぐにでも利用できます。
アカウントの取得に必要なのは電話番号だけです。
今すぐ始めてみてください！

Googleスプレッドシートも使ってみよう

Googleスプレッドシートの特徴

- エクセルと使い方はほぼ同じ
- エクセルのない端末でも使える
- メールを使わずに完全に共有できる
- 無料でも使える
- リアルタイムで情報共有、共同編集が可能

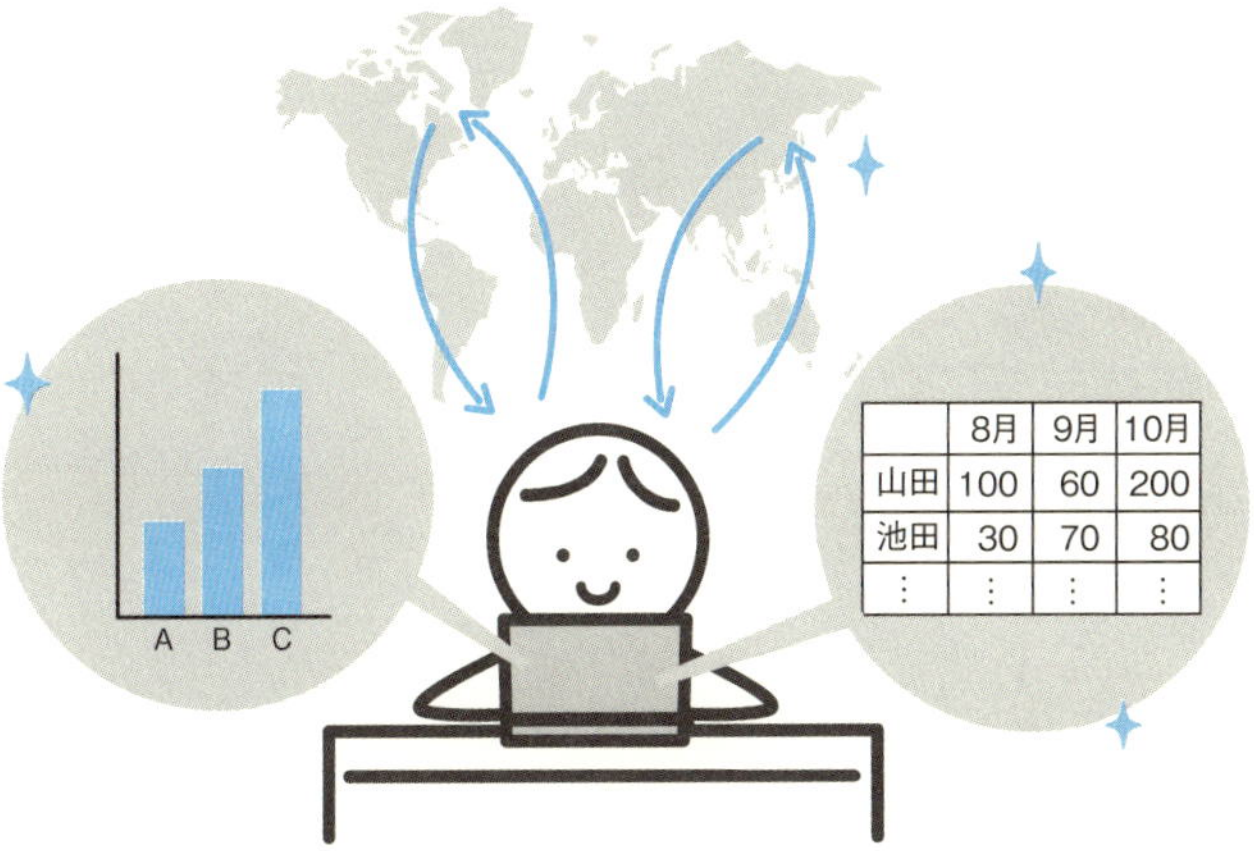

修正と同時に集計!
瞬時に報告形式で閲覧可能になる

〈著者紹介〉

一木伸夫（いちき・のぶお）

◇―公認会計士。日本スプレッドシート協会代表。1968年生まれ。早稲田大学商学部卒業。

◇―株式会社TKCで4年間プログラマーとして会計ソフトの開発を経験。公認会計士試験合格後、中央青山監査法人に入所し、大手流通や公開準備会社等の監査とアドバイスに12年間従事。2012年に独立。以後、会計士の知識と経験を活かして、ITを活用した業務改善のアドバイスを行っている。
また、「経理・財務社員のためのExcel活用講座」「Excelで学ぶ個別キャッシュ・フロー計算書作成の基礎」などのExcel活用の企業研修・セミナーなどを定期的に行い、「1週間の作業が30分で終わった」「業務で使える内容」「わかりやすい」と大変好評を博している。

◇―著書に『会計士が教える スゴ技Excel』『7つの基本で身につくエクセル時短術』（ともに日本経済新聞出版社）がある。

会社では教えてもらえない 一瞬で仕事が片づく人のExcelのキホン

2019年3月10日　　第1刷発行

著　者――一木伸夫

発行者――徳留慶太郎

発行所――株式会社すばる舎

東京都豊島区東池袋3-9-7 東池袋織本ビル　〒170-0013

TEL　03-3981-8651（代表）　03-3981-0767（営業部）

振替　00140-7-116563

http://www.subarusya.jp/

印　刷――株式会社シナノ

落丁・乱丁本はお取り替えいたします

ISBN978-4-7991-0633-4